# Wie erkenne ich Islamische Kunst?



Gondrom

# Inhalt



Genehmigte Sonderausgabe für Gondrom Verlag
GmbH & Co. KG, Bindlach 1991

Autor: Gabriele Mandel
Idee: Harry C. Lindinger
Zeichnungen: Gerry Valsecchi und Mariarosa Conti
Deutsche Bearbeitung: Gerd Betz
Titelabb.: Blaue Moschee, Istanbul
Foto: Kidler/Bildagentur Mauritius
Titel der Originalausgabe:
Come riconoscere l'arte islamica
ISBN 3-8112-0753-9

Stephen King

Kranzberger

Tennis

Ende November

bis Anfang

Dezember 1995

# Einleitung

*Mohammed,* der Prophet des Islam, wurde in der arabischen Stadt *Mekka* um 570 unserer Zeitrechnung geboren. Mekka war eine lebhafte Handelsstadt, deren religiöses Zentrum traditionsgemäß die *Kaaba,* ein kubischer Bau, war.

Mohammed empfing im Alter von etwa 40 Jahren seine religiösen Offenbarungen. Er war überzeugt, die reine unverfälschte Urreligion zu verkünden, den *Islam,* die Hingabe an Gottes Willen. Die Obrigkeit lehnte ihn jedoch ab, so daß der Prophet mit seinen Anhängern im Jahr 622 nach *Medina,* der „Stadt des Propheten", fliehen mußte. Diese *Hedschra* („Loslösung") steht am Beginn der islamischen Zeitrechnung. (Dieses Buch folgt der bei uns üblichen christlichen Zeitrechnung, die islamische basiert dagegen auf der Zählung der Mondjahre, so daß sich starke Abweichungen ergeben.) *Mohammeds* Anhänger wandten sich zum Gebet nach *Mekka,* zur heiligen *Kaaba.* Der Religionsstifter schlug mit seinen Anhängern einen expansiven Kurs ein, so daß bald nach seinem Tod (632) ganz Arabien islamisiert war.

Die Nachfolge Mohammeds in der politisch-religiösen Führung traten die *Kalifen* an. Unaufhaltsam eroberten sie 635 *Syrien* für den Islam, 641 *Persien* und *Ägypten.* Sie fielen im *Iran* ein und drangen 707 nach *Indien* vor, 711 standen sie in *Spanien.*

Im Laufe eines Jahrhunderts hatte der Islam eine ungeheure Ausdehnung gewonnen und die verschiedensten Völker und Kulturen unterworfen. Das gemeinsame Band war der arabisch geschriebene *Koran,* die göttliche Offenbarung, die der Prophet empfangen hatte. Bald entwickelten sich verschiedene religiöse Sonderrichtungen. In *Damaskus* regierte von 661–750 das Kalifat der *Omaijaden,* in *Bagdad* 750–1258 das Kalifat der *Abbasiden.* Um 900 entstanden schiitische Sekten.

Nordafrika unterwarfen im 10. Jahrhundert die *Berber,* während in Ägypten 969–1171 die schiitischen *Fatimiden* herrschten, die 969 *Kairo* als ihre Hauptstadt gründeten. In Nordafrika und Spanien setzten sich 1147–1230 die *Al-*

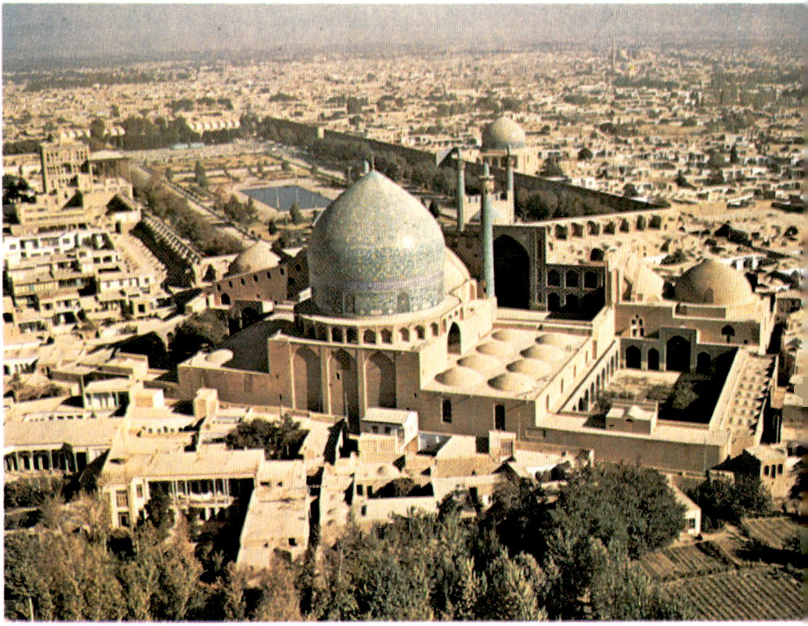

▲ Den Königlichen Platz (*Maidan*) in *Isfahan* (Iran), der ein Areal von 150 × 500 m einnimmt, ließ Schah Abbas d. Gr. anlegen. Im Vordergrund die Moschee des Schahs (1611–1616), links der Ali Qapu Palast, rechts die Moschee des Scheich Lutf Allah (1603–1617).

*mohaden* fest, 1087–1492 die *Almoraviden.* 1492 ende mit dem Fall und der Übergabe *Granadas* die arabisc Herrschaft in Spanien.

Seit dem 9. Jahrhundert drängten *türkische Nomaden* a Zentralasien nach Westen. Die *Seldschuken* beherrscht von 1038–1194 den *Iran* und seit 1195 *Anatolien.* D *Mamluken* hatten 1252–1517 die Macht in *Ägypten.*

Seit dem Beginn des 14. Jahrhunderts traten die *Osman* ihren Siegeszug an. 1453 eroberten sie das christlic *Konstantinopel,* 1517 fiel ihnen *Ägypten* in die Hände, s breiteten sich auf dem Balkan aus, eroberten *Ungarn* u bedrohten *Wien.* Erst am Ende des 17. Jahrhunder konnten sie zurückgeschlagen werden.

*Mongolenstämme* aus Zentralasien hatten sich in *Indi* und *Persien* festgesetzt; Timur starb 1405 in *Samarkan* Das 1526 gegründete *Mogulreich in Indien* bestand b zum Jahr 1857.

Im *Iran* regierten von 1502–1736 die *Safaviden.*

Die islamische Kultur hat in den verschiedenen Gebiet bedeutende Blütezeiten erlebt.

Die afghanische
iniatur wurde im
hr 1436 von Mir
aydar gemalt. Sie
igt *Mohammed vor*
*m Geist Abra-*
*ms.* Darstellung
s der „Nachtreise
ohammeds“. Das
oslemische Bilder-
rbot wurde nicht
allen Regionen
bedingt beachtet,
ch kommt die
arstellung Moham-
eds in der orthodo-
n islamischen
alerei nicht vor.

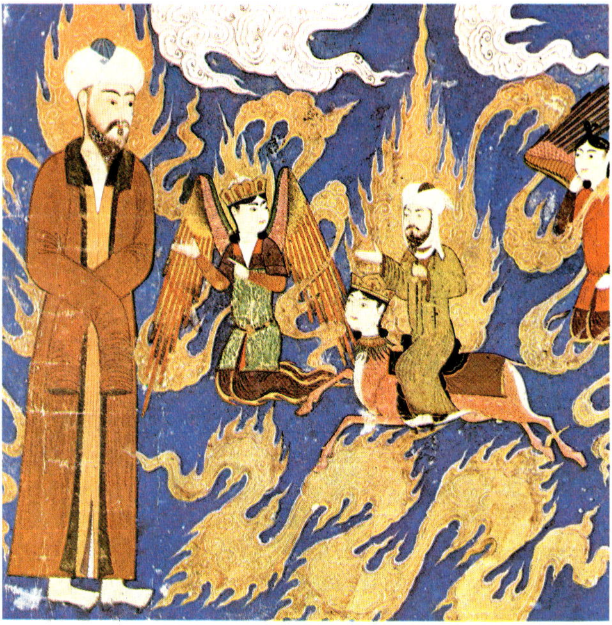

*Keramikflasche*
*s Kasan in Per-*
*n,* datiert 1236.
e *Keramik* er-
chte in einigen
amischen Gebieten
e besondere Blüte.
nahm ägyptische,
sopotamische und
inesische Erfah-
ngen auf und ent-
ckelte eigene tech-
sche Verfahren.
e Harmonie von
rm und Dekor
achte überragende
eisterwerke her-
r.

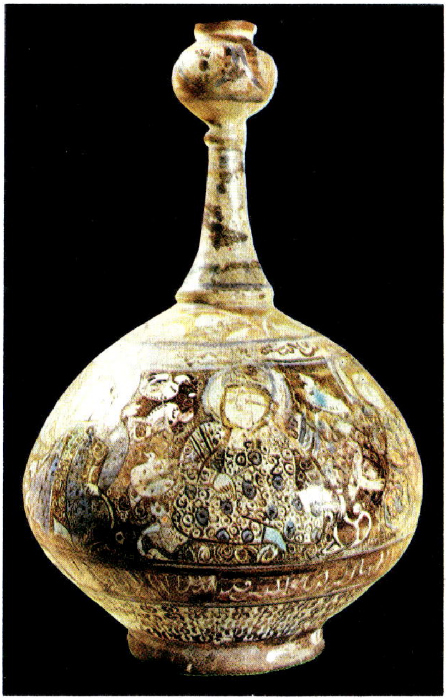

# Die Architektur

Der Islam hatte seinen Ursprung in den trockenen Sanc wüsten Arabiens, die aufgrund ihrer Bodenbeschaffenhe keine Voraussetzungen für eine monumentale Architektu boten. Mohammed, der Religionsstifter, versammelte di Gläubigen zu den vorgeschriebenen gemeinsamen Gebe ten bei seinem Hause. Ein wichtiger Bestandteil diese Haustyps war der von einer Mauer umgebene Hof, der ge gen die Sonnenhitze mit einem Schutzdach aus Palmblä tern überdeckt war. Dieser Betplatz kann als ein Vorläufe der frühen *Hofmoschee* gelten.

Die Nachkommen des Propheten, die Palästina und Sy rien eroberten, machten dort Bekanntschaft mit der gro ßen Überlieferung der antiken Steinbaukunst, die sie sic für ihre Zwecke aneigneten. Eine andere, uralte Traditio welche die Baukunst der islamischen Eroberer nachhalti beeinflußte, war die *mesopotamische* mit ihrer verschie denartigen Verwendung von Ziegelmauerwerk und Stuck.

▶ Ein in der islamischen Baudekoration weit verbreitetes Element sind die *Muqarnas*. Sie bilden einen Übergang von Wand und Wölbung. Die Unterseite gewölbter Nischen ist mit einer Reihe vorkragender, aus spitzen sphärischen Dreiecken zusammengesetzter Konsolen, die wie *Stalaktiten* herabhängen, bedeckt. Man spricht daher auch von *Stalaktitengewölbe*.

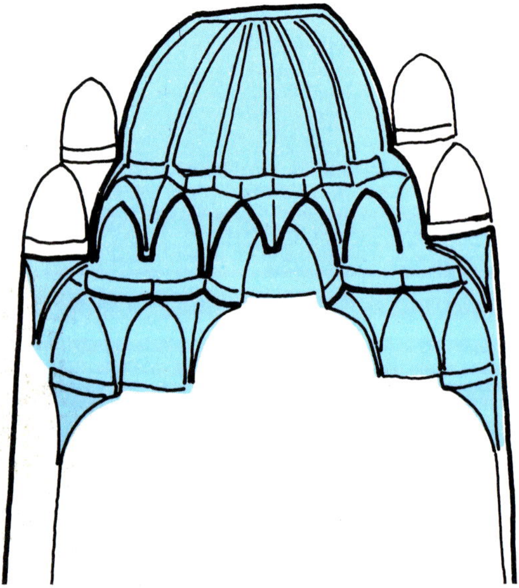

Die islamische Architektur entwickelte in den einzelnen Gebieten unterschiedliche Formen. Sie bevorzugte leichte und offene Bauwerke und nicht die lastende Schwere oder den umschlossenen Raum. Die *Baudekoration* trug wesentlich zu dieser Wirkung bei. Häufig überzieht sie mit einem unendlichen Muster, überwiegend geometrischer und floraler Ornamentik, den Bau, so daß kein Einzelelement über Gebühr hervortritt.

Der Islam hatte die Fähigkeit, ältere religiöse Traditionen in seinen Dienst zu stellen. Der *Felsendom in Jerusalem* z. B. steht an der Stelle des einstigen Tempels Salomos. Der achteckige Zentralbau ragt über dem Felsen auf, von dem Mohammed in den Himmel aufgestiegen sein soll. Nach der Überlieferung wurde das Bauwerk im Jahr 691 von dem Omaijadenkalifen Abd al-Malik errichtet und ist eines der bedeutendsten islamischen Heiligtümer.

Der *Bogen* und die *Kuppel* spielen in der islamischen Architektur eine wichtige Rolle. Der *Iwan* und die *Muqarnas* sind ferner bestimmende Elemente. Der *Iwan,* eine monumentale architektonische Nische, die sich nach einer Seite

Ein syrisches Bei-
iel von *Muqarnas*
er *Stalaktitenge-*
*lbe,* das in Jerusa-
n im 11. Jahrhun-
rt gebaut wurde.
e *Muqarnas*
rden nicht nur in
in gehauen,
ndern als beliebtes
korationselement
enso in Stuck,
lz, Keramik aus-
führt. In Persien
rden die Stalakti-
gewölbe auch mit
big glasierten
egeln bedeckt.

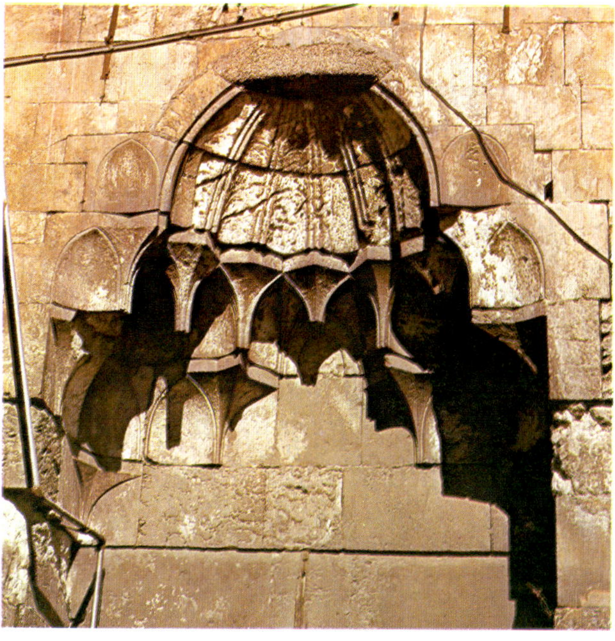

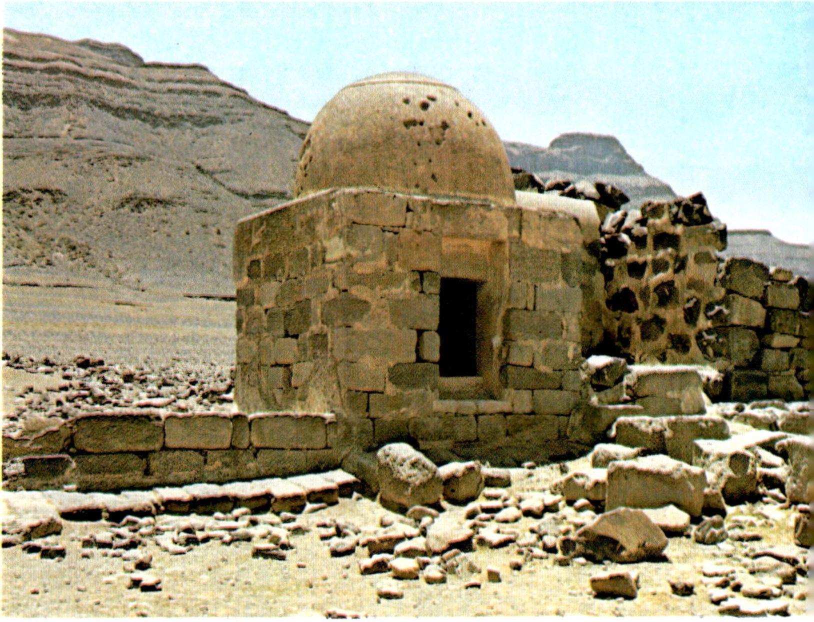

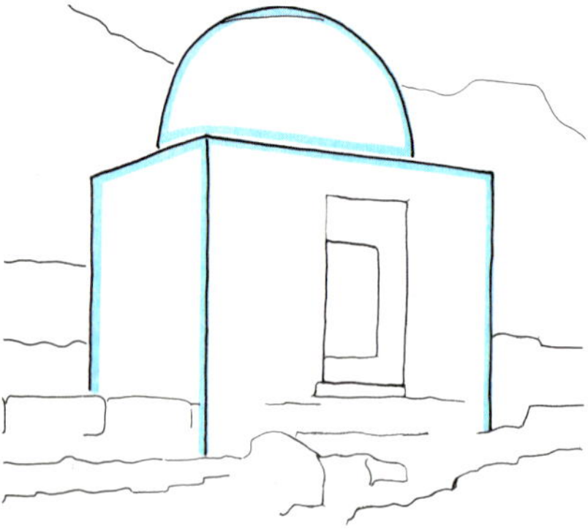

◄▲ Das *Grab des Scheichs Abdullah in Nordjemen* ist eines der ältesten Beispiele für den Typus der *Qubba*. Wenngleich der orthodoxe Islam die Heiligenverehrung verbietet, wurden seit frühester Zei *Grabbauten* erric tet, um das Ande ken besonders ve dienter Glaubens kämpfer zu verewigen.

▲ Eine typische Form des frühen islamischen *Grabes* ist die würfelförmige *Qubba* mit halbrunder Kuppel.

öffnet (Abb. S. 19, 20, 25, 27), hatte bereits vor-islamisc Traditionen als architektonisches Tor- und Bogenmoti Die *Muqarnas* waren wichtige Dekorationselemente, c zwischen Wänden und Wölbung vermittelten und mit i rem *Stalaktitengewölbe* (Abb. S. 7) die Bauwerke reizv bereicherten. Sie entstanden erstmals in Persien im früh 11. Jahrhundert.

Die islamische Baukunst entwickelte die verschiedenst

*Bogenformen,* die häufig dekorativ eingesetzt wurden. Kombinationen sind häufig. Unter byzantinischem Einfluß wurde anfangs der von Säulen getragene *Rundbogen* bevorzugt, doch kam auch der schlanke *Spitzbogen* in der unterschiedlichsten Weise zur Anwendung. Die islamische Schmuckfreude erprobte die verschiedensten Zusammen-

▼▶ Details der nneren *Fassade des Königlichen Palastes on Hirbat al-Mafgar bei Jericho.* Die ausgedehnte Anlage wurde unter Kalif Hisam 724–743) oder einem Nachfolger Walid errichtet. Die rhaltenen Bauteile assen vorislamische Einflüsse erkennen. Die *Rundbogen* z. B. aben römische, yzantinische und assanidische Vorläufer. Der Palast iel bald nach seiner Errichtung einem Erdbeben zum Opfer.

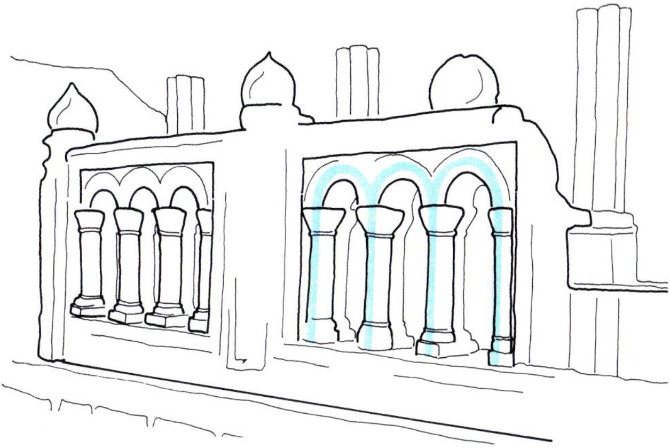

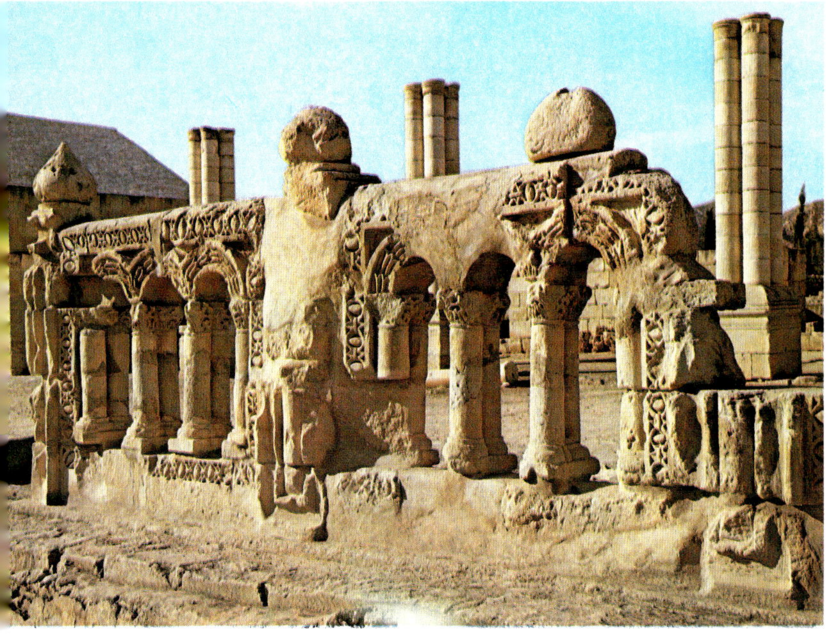

▶ *Das Minarett der Großen Moschee von Samarra im Irak* besteht aus Backsteinmauerwerk. Es wird *Malwiyya* (Spirale) genannt und erinnert an die Zugangsrampen der altorientalischen babylonischen Pyramiden oder *Zikkurats*. Es wurde bei einer der größten Moscheen der islamischen Welt zwischen 848 und 852 errichtet und hat eine Höhe von über 50 m.

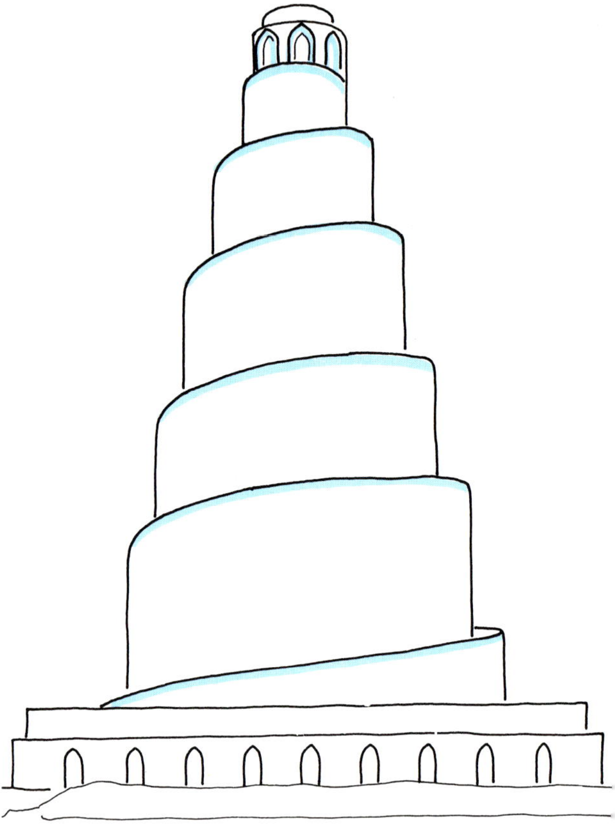

fügungen oft komplizierter geometrischer Muster. Das dekorative Bedürfnis ist meist stärker als die statische Notwendigkeit.

Der *Hufeisenbogen* kam besonders in Spanien und Marokko zur Anwendung (Abb. S. 13), ferner wurden Kleeblattöffnungen und Vielpässe verwendet. In einigen Gegenden wurden auch *antike Spolien* – griechische, römische und byzantinische Kapitelle – wieder verwendet.

Die frühen *Kuppeln* sind unter byzantinischem und sassanidischem Einfluß halbkreisförmig, während sich dann nach zentralasiatischen Vorbildern Kuppeln entwickelten, die auf einem trommelförmigen *Tambour* aufruhen und innere *Trompen* aufweisen. Die Übergänge wurden häufig mit dekorativen Elementen und *Muqarnas* reich ge

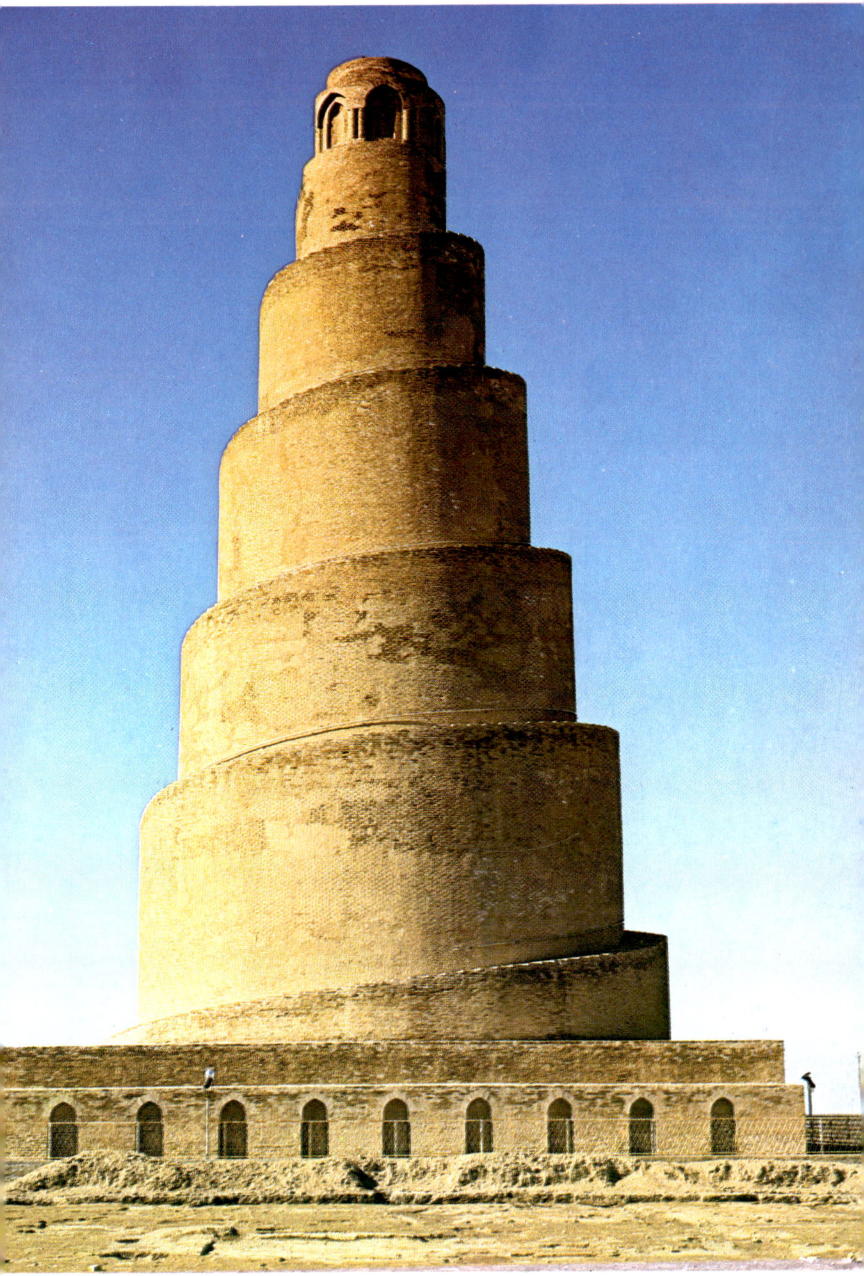

▼ Diese Bogen haben die typisch islamische *Hufeisenform.* Die islamische Architektur entwikkelte eine große Anzahl verschiedener, oft komplizierter Bogenformen, die zur dekorativen Bereicherung verwendet wurden.

schmückt. Die *Turkmenen* bedeckten ihre Kuppeln m konischen Dächern, während die *Mongolen* kräftige un gerippte Zwiebelformen auf hohem Tambour bevorzugte (Abb. S. 19). Die *Safaviden* setzten die charakteristisch Grundform der mongolischen Jurte, des Nomadenzelte um. Die *indisch-islamische Architektur* tendierte zu balda chinartig leichten Aufbauten über zierlichen Säulenarka den (Abb. S. 22, 23).

*Istanbul,* das alte Konstantinopel, wurde nach seiner Ei nahme durch die *Türken* (1453) zu einem wichtigen arch tektonischen Zentrum. Hier schloß man an die große byzantinischen Vorbilder wie die *Hagia Sophia* an. E entstanden große *Moscheen* mit komplizierten Kuppelau bauten (Abb. S. 28).

*Sinan,* der größte Baumeister der Osmanen, errichtete se 1534 zahlreiche Gebäude zwischen Mekka und dem Ba kan. Er baute fast 100 Moscheen und fand in Sultan Sule man dem Prächtigen (1520–1566) einen großzügigen Fö derer. Sinans Kuppelmoscheen setzen noch heute en scheidende Akzente im Stadtbild *Istanbuls:* die Mihrimal Moschee sowie die Suleimanije (1550–1556). Mehm

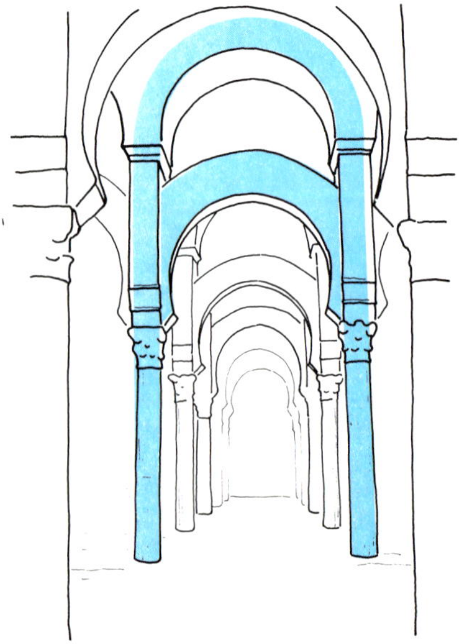

▶ *Innenansicht de Großen Moschee vo Cordoba, Spanien,* errichtet von Abd a Rahman im Jahr 787, und in der Fo gezeit verschiedent lich erweitert. Die doppelten Bogen haben ein Vorbild in der Konstruktio des römischen Aquädukts von Mérida und schließen an den spätröm schen Brauch des Wechsels von rote Backstein und hellem Stein an. D Moschee hat 19 Schiffe und insgesamt 665 Säulen.

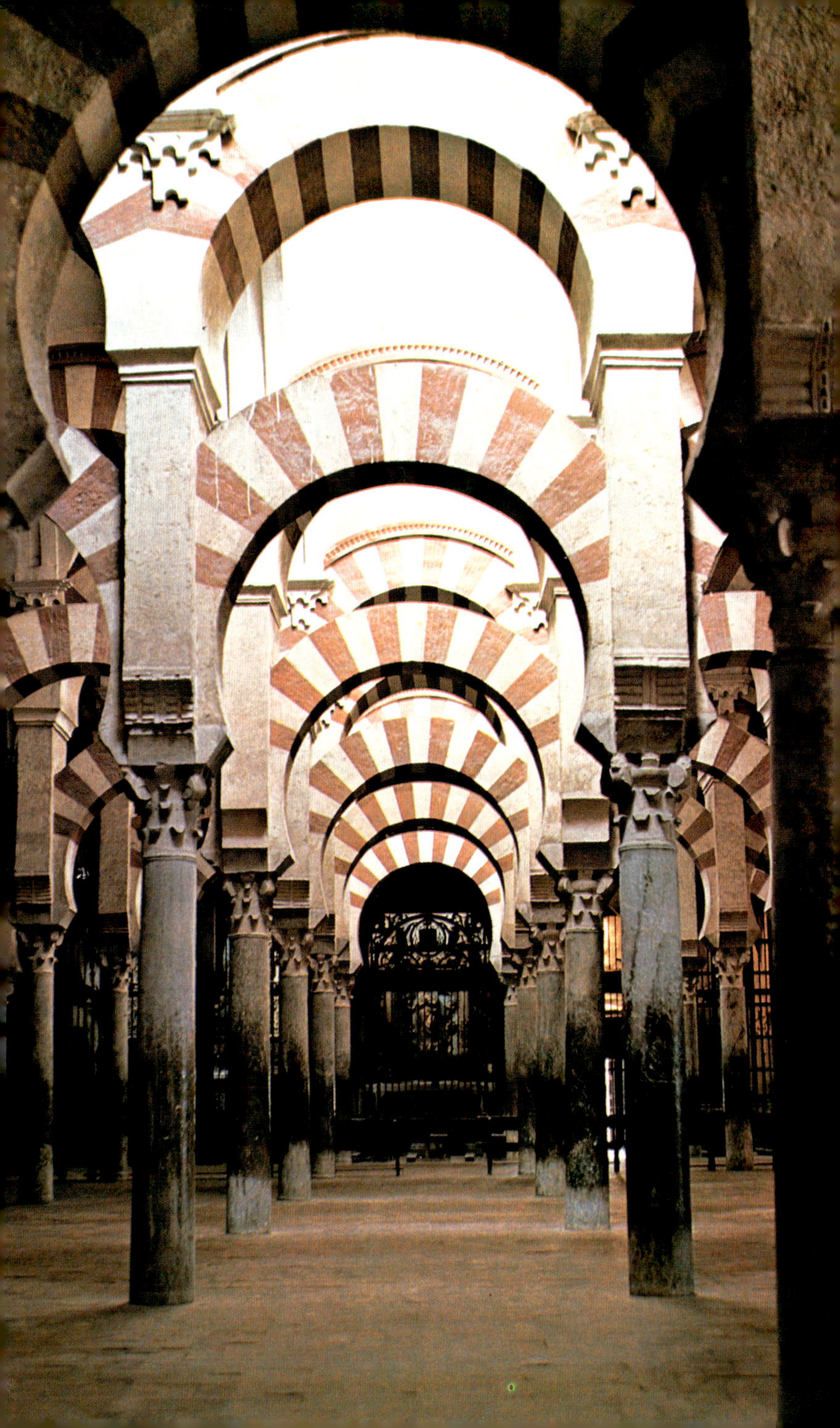

▶ In einer Flachlandschaft kamen herausragende Bauwerke wie dieser *Siegesturm* besonders gut zur Geltung.

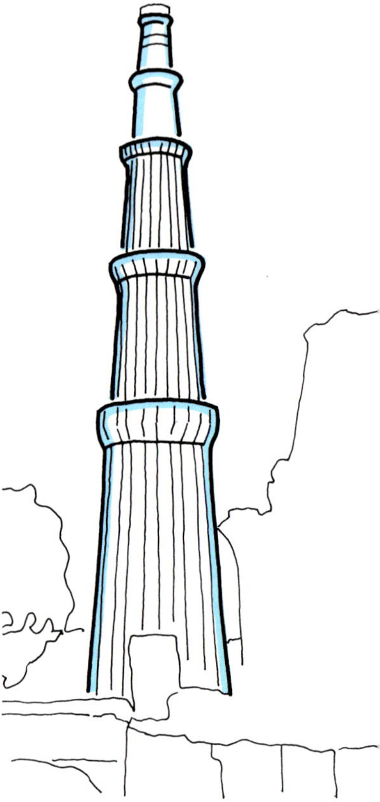

Aga, ein Schüler des Sinan, setzte dessen Tradition fo und errichtete in Istanbul 1609–1617 die *Moschee d Sultans Achmed I. oder die „Blaue Moschee“* mit ihre bezaubernden Fliesendekor. Ihre Kuppel erreicht m 43 m Höhe nahezu die des Pantheons in Rom.

In der *persischen Architektur* wurde der *Iwan* zu eine dominierenden Element. Unter dieser monumentalen, g wölbten Nischenarchitektur hielten die Herrscher öffen lich Hof. Hier wurden Audienzen abgehalten und Rec gesprochen. Als in den persischen Bereich der Typ d *Moschee* und der *Medrese (Madrasa)* eingeführt wurd integrierte man die Form des *Iwan:* das Zentrum der vi Mauern, die einen quadratischen Innenhof umschlosse wurde jeweils durch monumentale *Iwane* betont. Die ho Wölbung wurde mit großen *Stalaktitengewölben* (Muqa

*Qutb-Minar in*
*elhi* wurde um
199 von Qutb-ud-
in Aibak, dem
roberer, errichtet.
ie beiden obersten
eschosse sind eine
ätere Zutat. Das
Ionument diente als
egeszeichen. Der
rundriß ist stern-
rmig und der
ußenbau abwechs-
ngsreich kanne-
ert. Das Höhenstre-
en wird dadurch
etont. Steinmetzen
hmückten den Bau
it den drei Galerien
nd reichem in-
hriftlichem und
oralem Dekor.

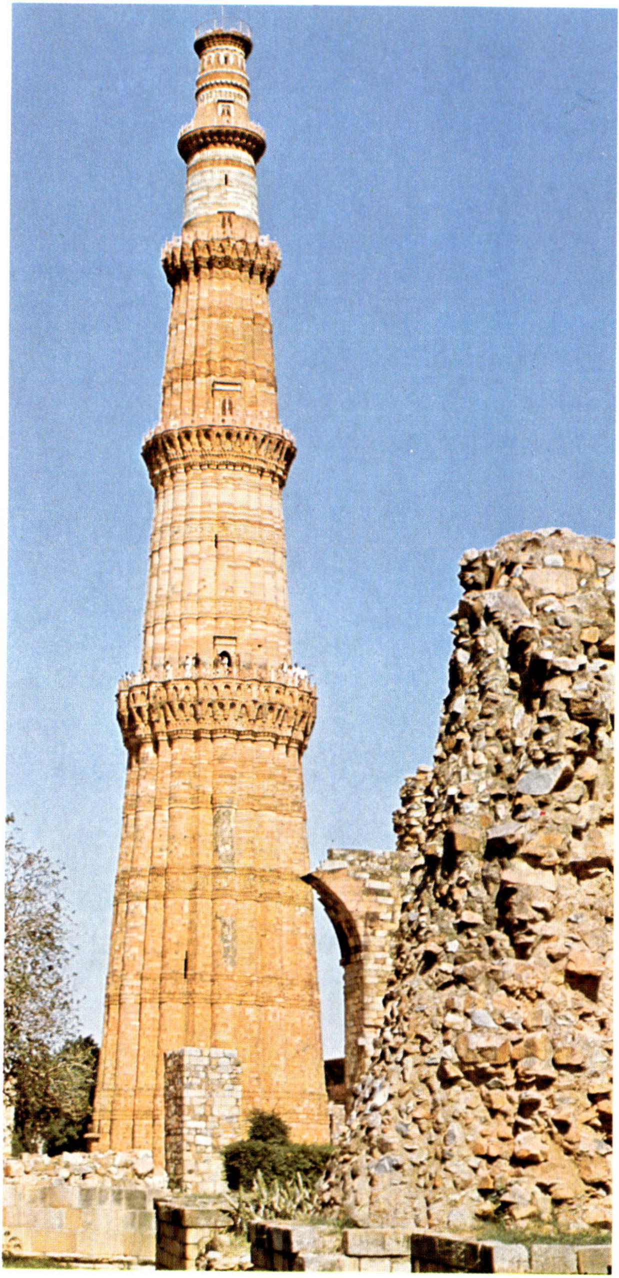

▼ Im Laufe der Entwicklung erhielt das *Minarett* häufig einen würfelförmigen Unterbau, auf den ein zylindrisches Geschoß folgte. Den Abschluß bildete ein kleinerer polygonaler Kuppelbau. Der *quadratische Grundriß* des Minaretts ist für *Nordafrika* typisch, während man in den *asiatischen Ländern* die *Rundform* bevorzugte.

nas) geschmückt. Der Hauptiwan der Moscheen war nac *Mekka* orientiert und von zwei flankierenden *Minarette* bekrönt (Abb. S. 21, 25). Reicher Bauschmuck erhöht die festliche Wirkung. Die *Timuriden* adaptierten in *Per sien,* wie die Mogulherrscher *Indiens,* die repräsentativ Form des *Iwan* für ihre Architektur (Abb. S. 4, 19). Si kam auch als Eingangsportal für *Mausoleen* zur Anwer dung.

Die *Muqarnas* hatten ursprünglich eine statische Funk tion der Überleitung zwischen Wand und Wölbung. Ir Laufe der Entwicklung nahm die dekorative Ausgesta tung überhand (Abb. S. 7, 21). In *Syrien* und *Ägypte* wurden diese Ornamente in Stein gearbeitet, während ma in *Persien* Ziegelstein verwendete. Je nach Vorkomme wurden in den einzelnen Gebieten verschiedene Baumate rialien bevorzugt. Im *Irak* begnügte man sich mit Lehn ziegeln; in *Indien,* der *Türkei, Syrien* und *Ägypten* erreich te die *Steinbearbeitung* einen hohen Stand. In Zentra asien und Nordafrika wurde mit *Backstein* gebaut, wäh rend Indien auch den *Holzbau* kannte. Ebenso reich un unterschiedlich sind die Techniken, die für die wichtig

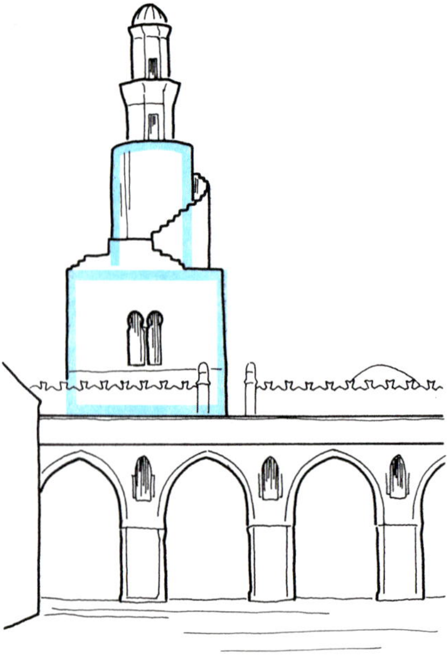

▶ Die *Ibn-Tulun-Moschee in Kairo* (876–879). Ihr St gab der qualitätvo len *Tulunidenarch tektur Ägyptens* d 9. Jahrhunderts d Namen. Es bestar den Beziehungen z *Abbasidenarchite tur,* wie z. B. zur Großen Moschee von Samarra (Ab S. 11). Die Ansic zeigt den Innenhc und das Minarett Massive Pfeiler kommen anstelle von Säulen zur Anwendung.

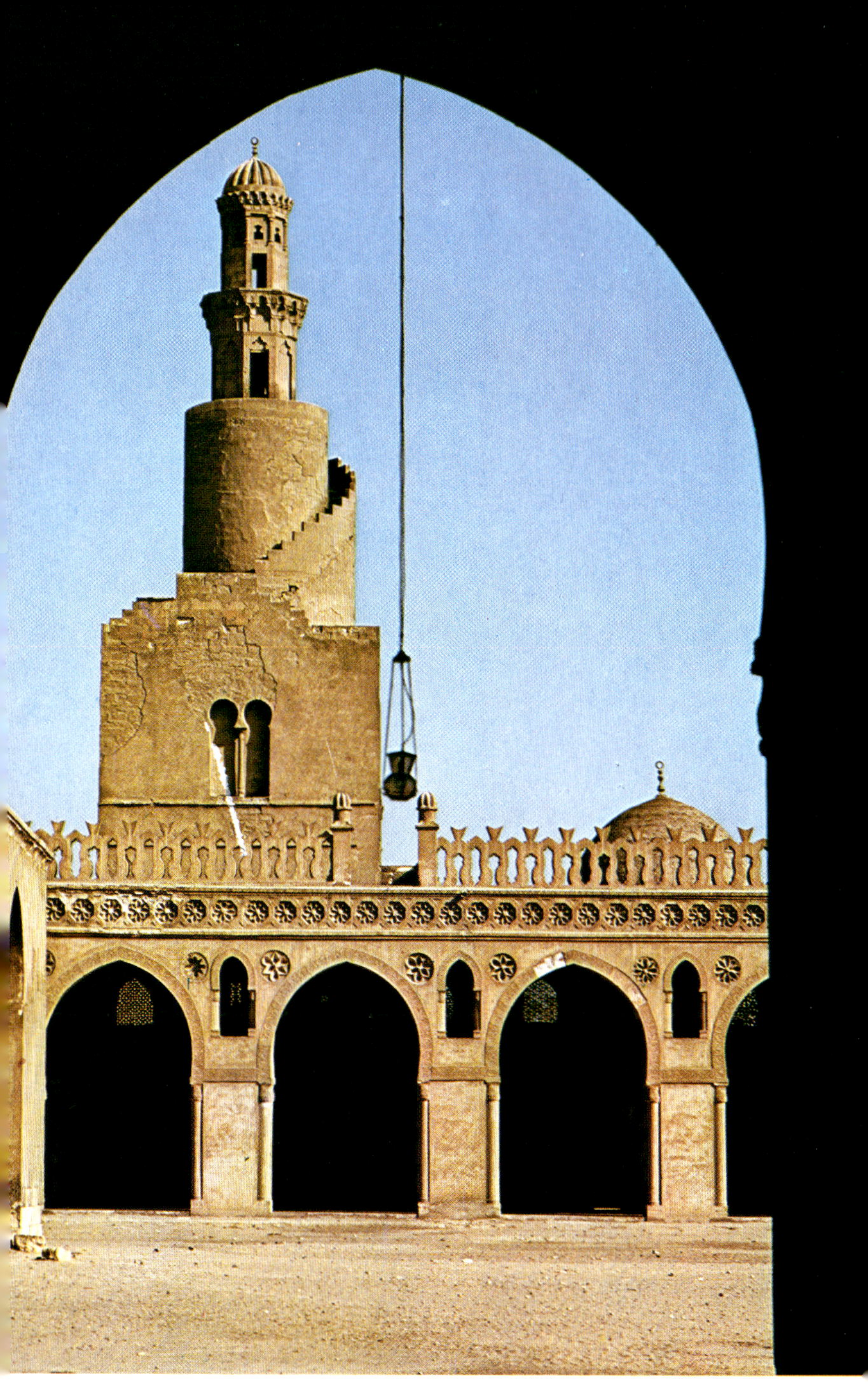

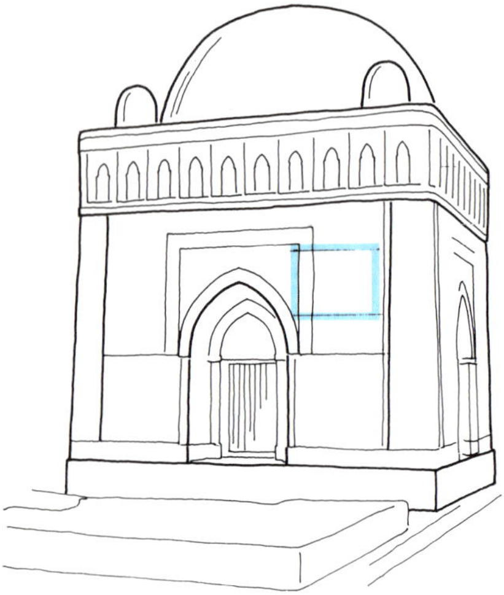

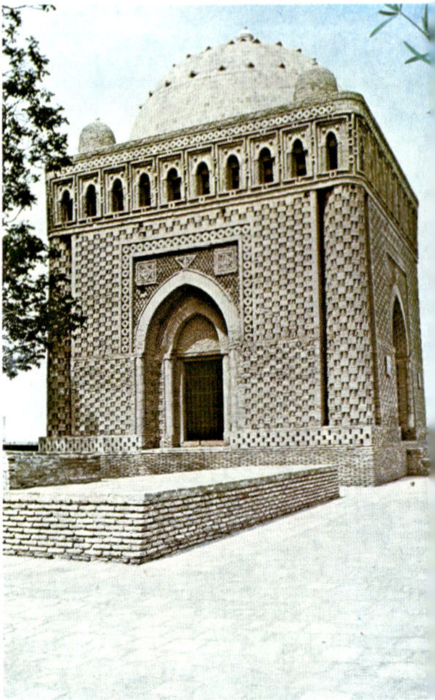

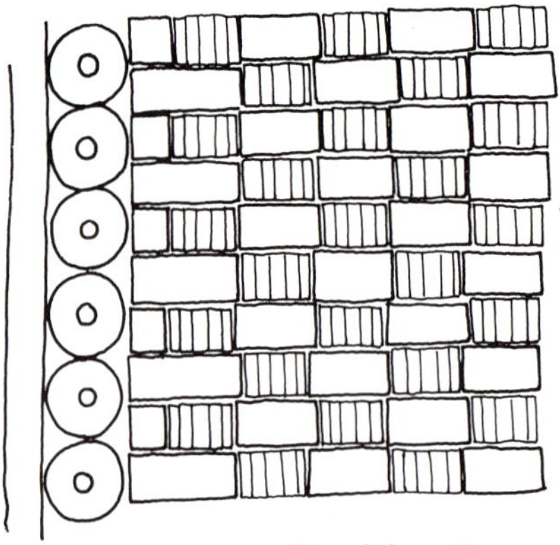

◀▲ *Mausoleum des Samaniden Isma'il in Buchara, Usbekistan, vor 943.* Die Grundform des Würfels mit Halbkugel kam in der islamischen Architektur häufig zur Anwendung. Die Ziegelsteine sind bei diesem Beispiel dekorativ vermauert, so daß sie einen reichen Bauschmuck ergeben. Der Dekor erinnert an Flechtwer (links). Bei späteren Beispielen wurden die Muster durch d Verwendung farbi glasierter Ziegel noch weiter bereichert, vor allem Zentralasien und Persien.

*Baudekoration* zur Anwendung kamen. Die Wirkung d in geometrischen Mustern vermauerten Backsteine wur z. B. genutzt (Abb. S. 18), doch ebenso konnten Außе fassaden durch farbig glasierte Ziegel, wie in *Persien,* rei voll bereichert werden (Abb. S. 4, 21, 25, 27). Die *in schen* Kunsthandwerker beherrschten die Baudekorati mit farbiger *Marmor- und Steineinlegearbeit* (Abb. S. 2 23, 35).

' ▶ *Gur-i-Mir, das ſausoleum Timurs ı Samarkand ˊJdSSR),* wurde 404–1405 erbaut. wei monumentale *vans* bilden den ugang zu dem ˈrabbau, der einen ɾeuzförmigen ˈrundriß und einen ktogonalen Außen- ıu hat. Die hohe, ɛrippte Kuppel ruht ıf einem hohen ambour. Sie ist mit ırbigen Ziegeln ɛdeckt. Die beiden ɛitlichen Minaretts nd eingestürzt.

Die islamische Baukunst wandte sich verschiedenen Hauptaufgaben zu. Unter den *Omaijaden* wurden stattliche *Schlösser,* oft in Wüstengebieten, angelegt. Sie hatten einen zentralen Innenhof und waren mit Steinmetzarbeiten reich geschmückt. Die Bau- und Ornamentformen verarbeiteten z. T. lokale Überlieferungen spätantiker Herkunft (Abb. S. 9, 31). Unter den *Abbasiden* nahm der Palastbau in den Städten zu. Die *Safaviden* ließen in Per-

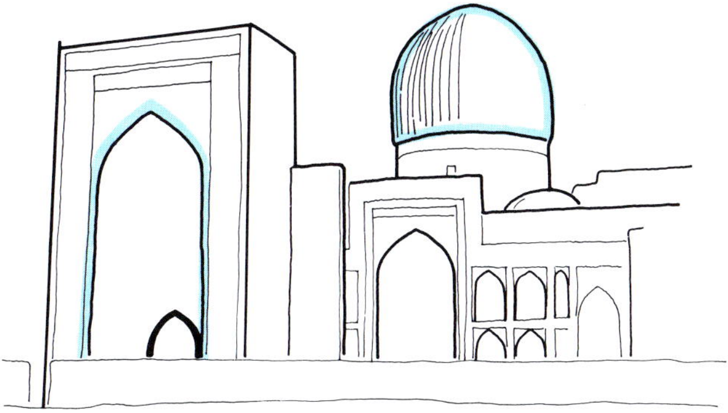

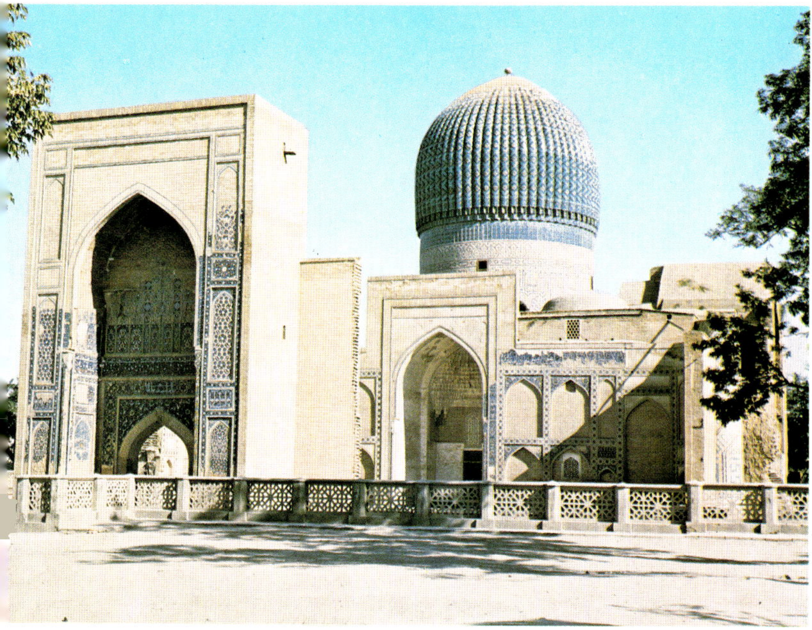

▶ Die beiden *Minaretts* auf diesem Iwan dienen hier nicht für den Gebetsruf. Der von einem quadratischen Rahmen umgebene Spitzbogen ist eine typisch persische Form.

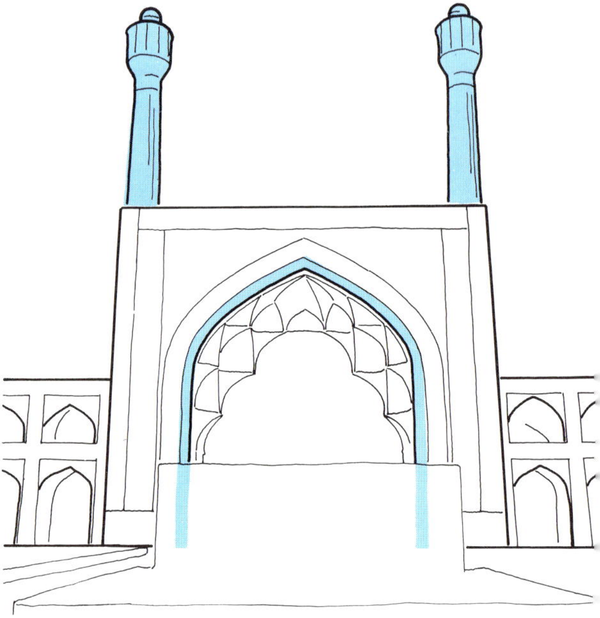

sien (1502–1736) eine reiche Architektur entstehen. Ih Palastanlagen bestanden aus einer lockeren Folge vc Pavillons inmitten von Gartenanlagen. Ein berühmtes Be spiel der islamischen Architektur in Spanien ist die *Alhar bra von Granada,* die seit dem 13. Jahrhundert geschaffe wurde.

Die islamische Religion nahm Einfluß auf alle Gebiete d Lebens. In den Städten entstanden *Bazaranlagen* für d Händler (*Suk*), und an den Fernstraßen befestigte *Unte künfte für die Karawanen (Karawanserei).* Es gab öffen liche *Hospitäler (Maristan)* und *Bäder (Hammam* Wohlhabende Moslems taten sich durch Stiftungen he vor. Sie ließen sich ansehnliche *Grabbauten* errichten, d von Gartenanlagen zum Wohl der Allgemeinheit umgeb waren.

Innerhalb der religiösen Architektur des Islam lassen si vier Haupttypen unterscheiden: die *Moschee,* die *Medres* das *Kloster* und das *Mausoleum.* Der Moslem kann zw überall beten, zuhause, am Arbeitsplatz, unter freie Himmel, doch wurde stets dem gemeinsamen Gebet b

*Die Große Mo-*
*·hee von Isfahan in*
*ersien* wurde unter
:n Seldschuken be-
)nnen, doch erst im
5. Jahrhundert
)llendet. Es ist das
teste Beispiel für
:n Typus, der einen
*van* an jeder Seite
:s Hofes hat. Der
)gebildete *Iwan*
ldet den Zugang
ım Gebetsraum.

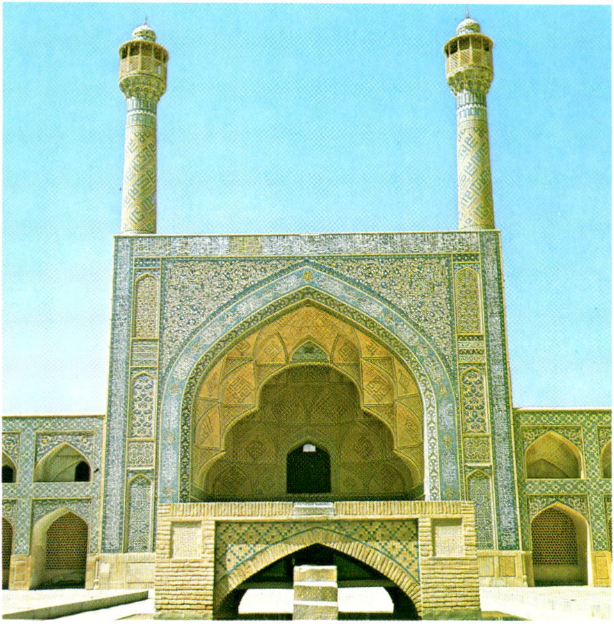

sondere Aufmerksamkeit gewidmet. Die *Moschee* – Masgid, „der Ort, wo man sich niederwirft" – dient vor allem diesem Zweck. Das Hauptgebet wird am Freitagmittag gesprochen. Daher werden die größten Moscheen meist als „Freitagsmoschee" (Masgid-i Gami) bezeichnet. Die frühen Moscheen konnten mehreren Aufgaben dienen, der religiösen Unterweisung, der Rechtsprechung. Sie waren Unterkunft und Zuflucht der Pilger und Verfolgten. Sie waren in einen Komplex von öffentlichen Bauwerken integriert, der Schulen, Hospitäler, Armenküchen, Unterkünfte enthalten konnte (Abb. S. 4).

Die islamische Religion schreibt vor, daß der Gläubige vor dem Gebet rituelle Waschungen vornehmen muß. Daher befindet sich bei jeder Moschee ein *Brunnen,* üblicherweise in der Mitte des Hofes, gegenüber dem Eingang zum Gebetsraum (Abb. S. 28). Zum Gebet muß sich der Moslem gen *Mekka* wenden, die Rückwand der Moschee *(Qibla)* weist auf diese Richtung hin, die durch die *Gebetsnische (Mihrab)* angezeigt wird. Rechts von der Gebetsnische steht üblicherweise die *Kanzel (Minbar).* Eine

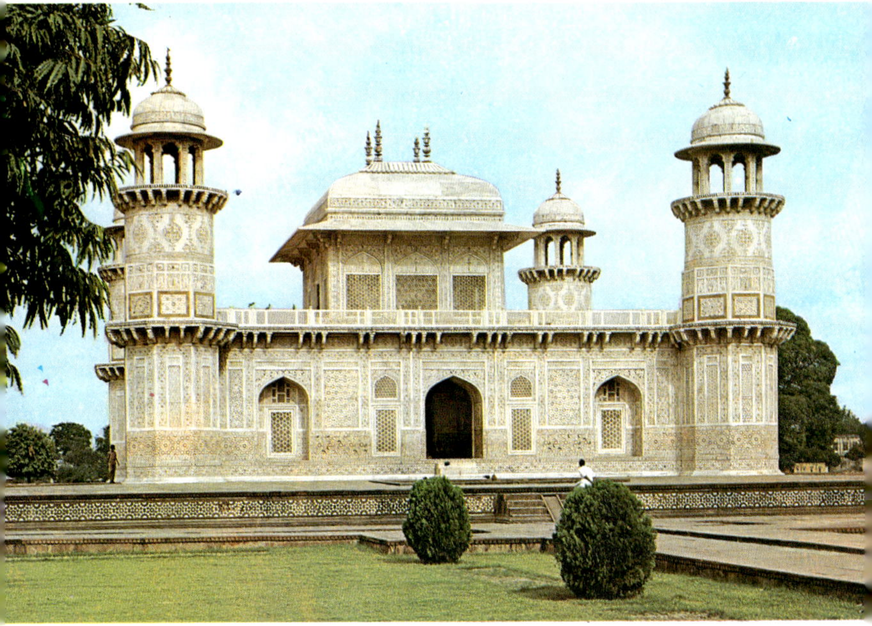

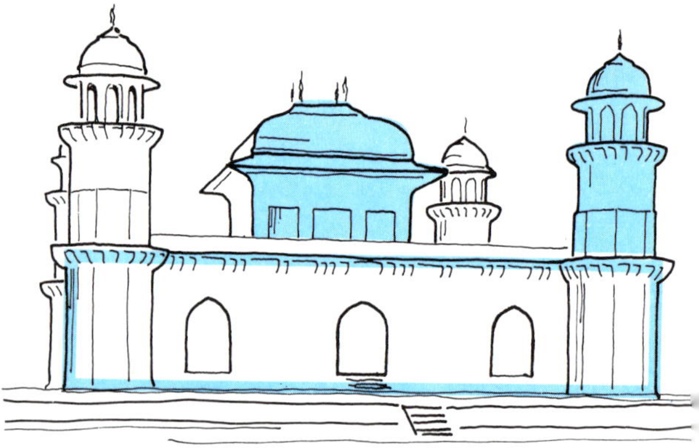

▲▶ *Das Mausoleum des I'timad al-Daula in Agra, Indien,* wurde 1628 erbaut. An die Stelle der älteren Bauweise mit rotem Sandstein trat hier erstmals der kunstvoll verarbeitete weiße *Marmor.* Die traditionelle Würfelform des Grabbaus wird hier mit einheimischen Formen bereichert. An jeder Ecke des Bauwerks steht ein typisch indischer Turm *(Chattri).*

Treppe mit ornamentierten Seitenteilen führt zu ihr hinau Von hier aus wird das Freitagsgebet gesprochen und z Gemeinde gepredigt. In größeren Moscheen befindet sic vor der Gebetsnische ein erhöhtes *Podium* für den Geis lichen. In einigen Moscheen befand sich neben der Mihr eine abgeschirmte *Empore (Masrabiyya),* von der aus d Herrscher dem Gottesdienst beiwohnen konnte, ohne g sehen zu werden.

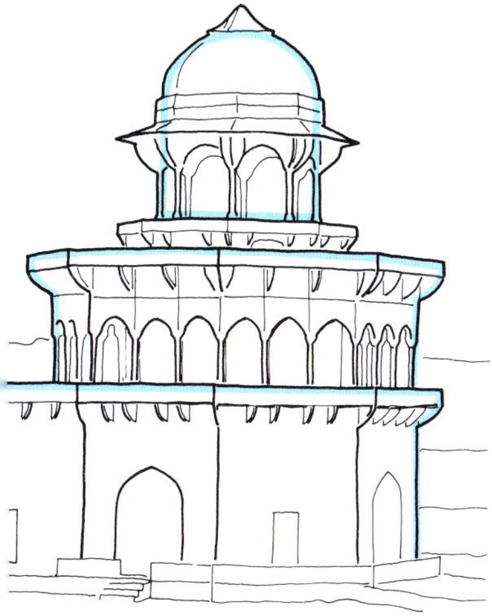

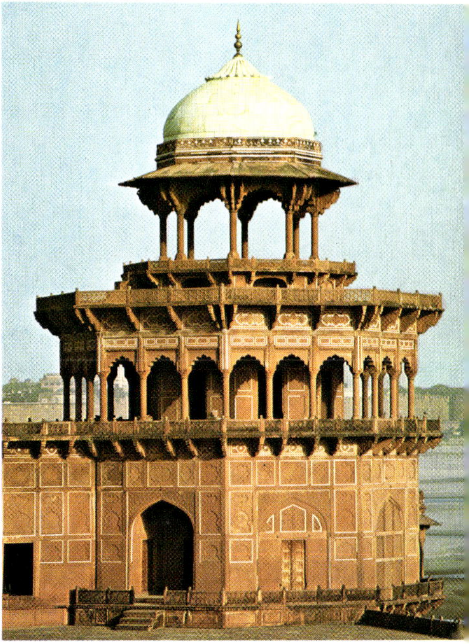

▶ *Der Eckturm* *s Roten Palasts* *n Agra,* um 1638, igt die typischen, erlichen Arkaden r indo-islamischen rchitektur. Die dische *Kuppelform* eicht einer umge- hrten Tulpenblüte.

Der Bereich der *Moschee* bestand ursprünglich nur aus einem quadratischen, von einer Mauer umgebenen Bezirk. Später wurde der Hauptzugang betont.

Als sich die *Omaijadendynastie* (661–750) in *Damaskus* festsetzte, kamen die Araber auch in Kontakt mit der byzantinischen Kultur. Die *Basilika* war ein architektonisches Vorbild, das sich für ihre eigenen Bedürfnisse adaptieren ließ. Um mehr Raum für die Gebetsversammlungen zu gewinnen, wurde das längsgerichtete Schema der Basilika nach den Seiten hin erweitert, so daß es dem quadratischen Prinzip nahekam. Durch diese Vermehrung der Seitenschiffe entsteht in den frühen islamischen Moscheen der geheimnisvolle Eindruck eines „Säulenwaldes“.

Zu der Zeit, als *Bagdad* die „Hauptstadt des Islam“ war, ergaben sich engere Kontakte zur persischen Welt. Aus Zentralasien kam der Moscheetypus mit zentralem Hof und einem *Iwan* an jeder Seite (Abb. S. 21); ein weiterer Typus, der sich vermutlich von der *Medrese* herleiten läßt, hatte ebenfalls in *Persien* seinen Ursprung. Der antiken römischen und byzantinischen Tradition ist der Typus der

▼ Zu den Grundelementen der entwikkelten islamischen Architektur gehört die *Kuppel,* die hier auf einem hohen Tambour ruht. Die monumentale Bogennische des *Iwan* betont den Zugang. Die beiden *Minaretts* sind hier dekorativ verwendet.

Moschee mit zentraler *Kuppel* zu verdanken. Die *Osma-nen* knüpften daran nach ihrer Einnahme Konstantinopel an (Abb. S. 28).

Die Hauptaufgabe der *Moschee* eines jeglichen Typus is es, eine große Gemeinde von Gläubigen zum gemeinsa men Gebet zu vereinigen. *Mekka* ist als Gebetsrichtun verbindlich. Das *Minarett* ist eine häufig mit der Mosche verbundene Architekturform, sie ist jedoch nicht unbe dingt nötig. Es geht auf den *Wachtturm* oder *Leuchtturm* zurück und nimmt häufig eine dekorative Funktion an Die frühen *Minarette* wurden in einer Ecke des Moschee hofes errichtet. Sie waren als feste Türme mit quadrati schem Grundriß konzipiert, häufig mit runder Bekrönun (Abb. S. 17). Die *Seldschuken* bauten zylindrische Mina rette, die mit keramischer Dekoration geschmückt wur den. Der Dachabschluß war in der *Türkei* meist konisch

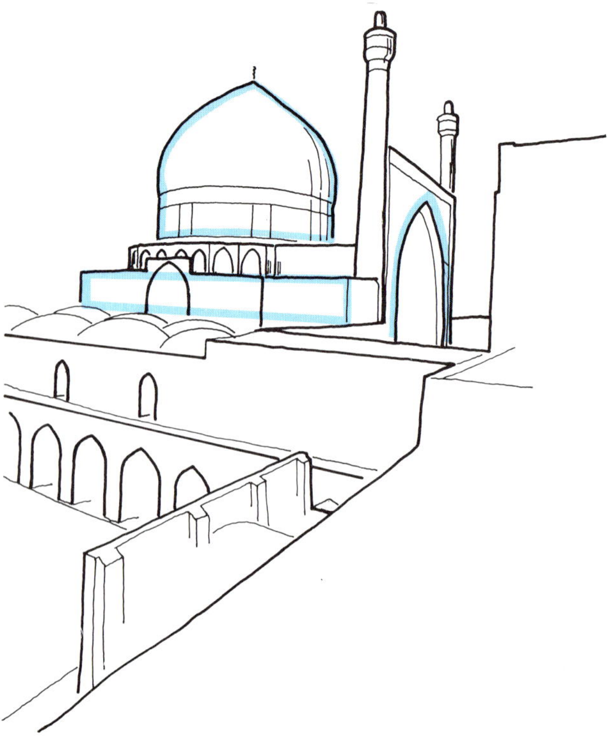

▶ *Die Moschee de Schahs in Isfahan* ließ der Safavide Ab bas d. Gr. zwische 1611 und 1616 er richten. Vollendet war sie im Jahr 1638. Die verschwenderische De koration mit farbig glasierten Ziegeln macht dieses Bauwerk zu einem der vollkommensten seiner Art.

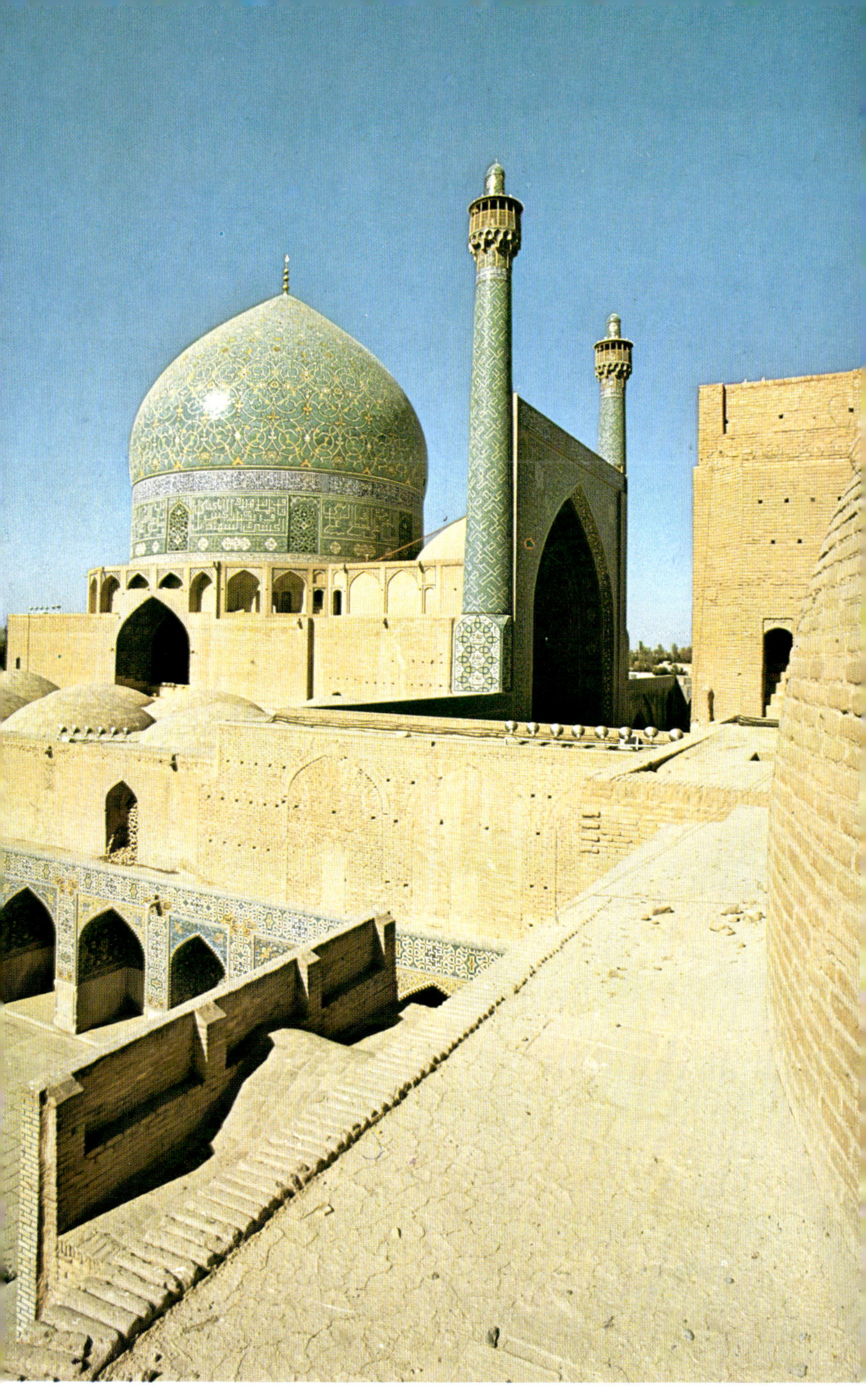

während die *Mogularchitektur Indiens* baldachinartig Aufsätze bevorzugte.
Im Laufe der Entwicklung traten an die Stelle des eine Minaretts paarweise Lösungen als Flankierung de *Hauptiwans* oder der Hauptzugänge (Abb. S. 21). Unte der Mogulherrschaft in Indien und den Osmanen in de Türkei nahm die Anzahl der *Minarette* zu, bis zu vier a den Ecken des Bauwerks; ausnahmsweise kommen auc sechs Minarette vor. In der *Türkei* nahm das *Minare* eine charakteristische, betonte Längung an, die in reizvo lem Kontrast zu dem gelagerten Baukörper steht. Dr Reihen von schmalen Balkonen dienen zur Gliederun (Abb. S. 28). In *Indien* dagegen blieben die Minarett ziemlich gedrungen, um in einem kioskartigen Aufbau z enden, *Persien* bevorzugte die säulenartige, dekorative Lö sung (Abb. S. 25).
Die Baukunst der *Mamluken* in *Ägypten* begnügte sic mit einem Minarett, das oft rechts neben dem Eingan steht und einen blockhaften Unterbau, einen oktogonale Hauptteil und einen zylindrischen Aufbau aufweist.
Die *Medrese* ist ein Bautypus, der sich seit dem 12. Jah hundert hauptsächlich in Zentralasien entwickelte. E diente vor allem als *Koranschule.* Ursprünglich bestan die Medrese aus einer Reihe von Räumen im Anschluß a eine Moschee. Später wurde der Grundriß eines mauerun schlossenen Hofes mit vier Mittelportalen übernomme Die Zugänge wurden in Form der *Iwane* gestaltet. Dies Lösung brachte zugleich die theologische Entwicklun zum Ausdruck, da sich vier unterschiedliche Schulen de Auslegung des Koran entwickelt hatten. Die *Medrese* ge wann wiederum Einfluß auf die Weiterentwicklung de Moschee: es wurde der *Iwan* übernommen, der am Zu gang zum Gebetsraum steht.
Die *Ribat* oder befestigten *Klöster* bildeten sich in Folg des „Heiligen Krieges" heraus, dem sich der Islam ve schworen hatte. Der Grundriß folgte wiederum dem qua dratischen Schema mit befestigten Wachttürmen an de vier Ecken. Eine Moschee war das Herz der Anlage.
Das *Mausoleum* wurde von den Seldschuken in die islam sche Architektur eingeführt. Es gab ursprünglich zwei Ty pen, die sich im persischen *Kharragan* entwickelten: ei

▶ *Die Blaue Mo-*
*hee in Isfahan,*
*ersien,* wandelt ei-
n herkömmlichen
ypus ab. Er
stand aus einem
auerumfriedeten
of mit drei Zugän-
n und einer
deckten Seite. In
*ersien* erhielt der
ntrale Hof einen
eigeschossigen
ıgang und einen
oßen *Iwan* an
ler Seite. Die seit-
hen Iwane führten
den anschließen-
n Wohnräumen.

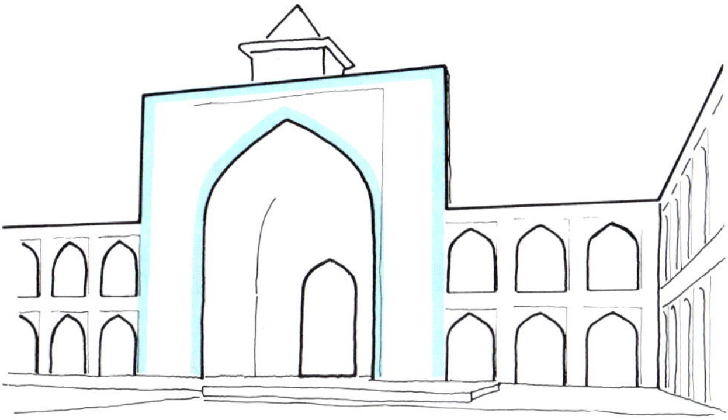

mal den *Grabturm* mit rundem, polygonalem oder sternförmigem Grundriß, der in einer Kuppel endete, die von einem konischen Dach verdeckt wurde. Die andere Form war die *Qubba,* das würfelförmige *Kuppelgrab* (Abb. S. 8). Die *Mongolen der Timuridenzeit* sowie die Mogulherrscher Indiens fügten diesem Typus einen *Iwan* als Eingangsportal bei, oder sie bereicherten alle vier Seiten damit (Abb. S. 19). In Indien wurden seit der Zeit des Mo-

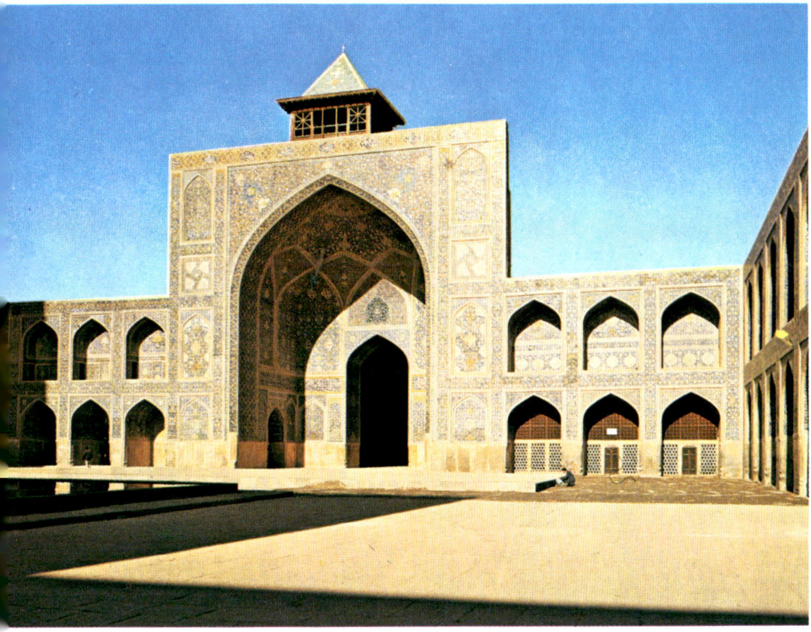

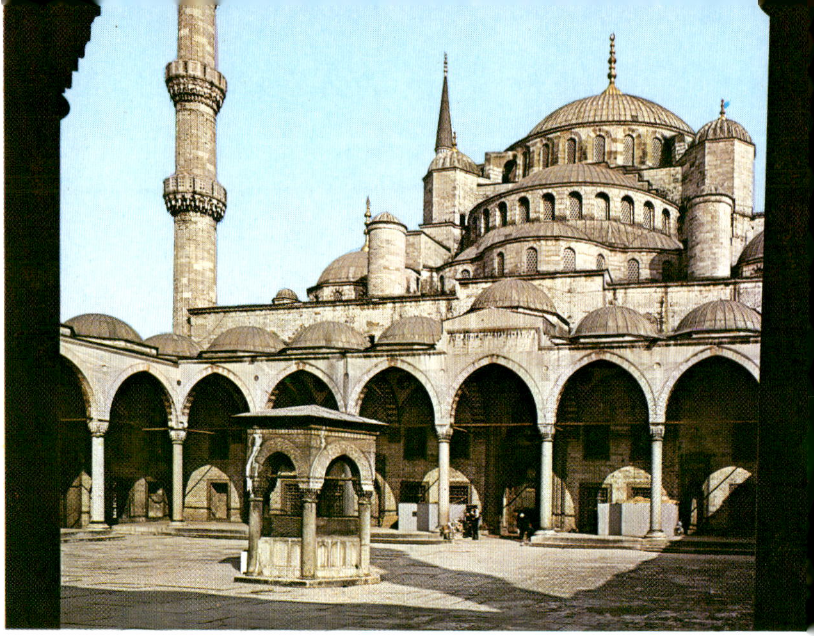

▲▶ *Die Blaue Moschee oder Sultansmoschee in Istanbul* wurde durch Mehmet Aga für Sultan Achmed I. zwischen 1609 und 1617 erbaut. Für die osmanische Architektur typische Merkmale sind der Kontrast zwischen Kuppeln und Halbkuppeln und die Eckminaretts. Die Moschee hat einen großen Eingangshof mit Brunnen.

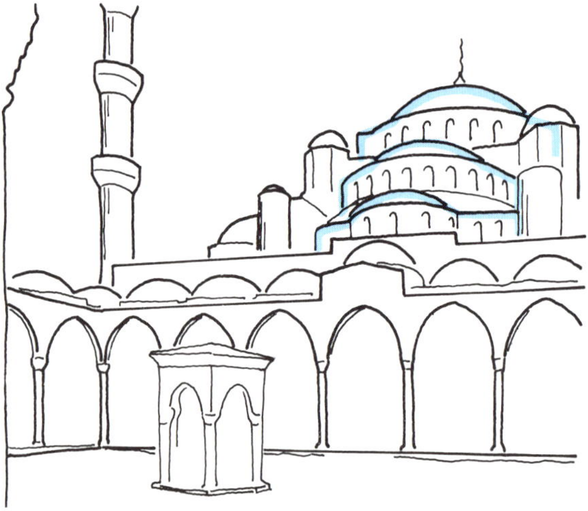

gulherrschers Akbar die Fassaden der Mausoleen durc Arkadennischen zusätzlich bereichert. Oft hatten die: Mausoleen vier Türme, jeweils an den Ecken (Abb. S. 22 eine Form, die in Verbindung mit dem Zentralbautyp der Moschee steht.

Einzigartige Höhepunkte erreichte die islamische Ba kunst in der ersten Hälfte des 17. Jahrhunderts zwische Istanbul, Isfahan und Indien. Zu den weltberühmten Me

▶ *Der Brunnen ıltan Achmeds III. Istanbul* wurde '28 errichtet. Auf m reich dekorier- ı, kubischen Bau- ırper ruht ein weit ırspringendes fla- es Dach mit drei ırlichen Kuppel- fsätzen nach öst- hen Vorbildern.

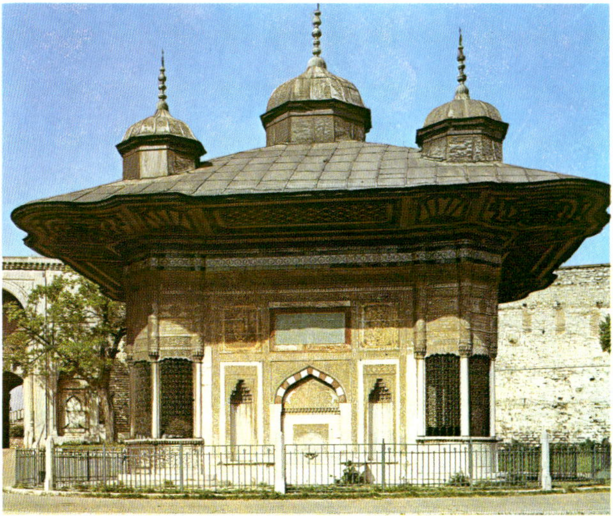

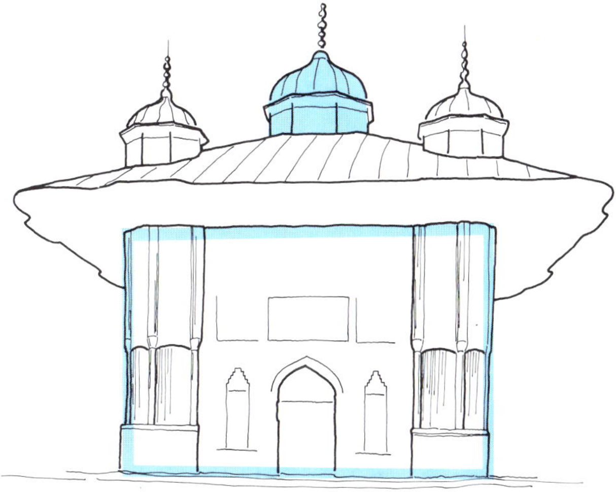

sterwerken der islamischen Baukunst in Indien gehört *Taj Mahal in Agra,* das Mausoleum, das der Großmogul Schah Jahan seit 1629 seiner verstorbenen Lieblingsfrau zu Ehren errichten ließ. Die besten Baumeister und Kunsthandwerker aus Bagdad und Buchara, Persien und der Türkei wurden berufen, um diese Schöpfung im Verlauf von 20 Jahren zu vollenden.

# Ornament und Dekoration

Die *Skulptur* und die *Malerei* erlebten im islamischen B reich keine solche Blüte wie in manchen anderen Kult ren. Die *dekorativen Künste* dagegen wurden besonde gepflegt und führten zu einer außerordentlichen Entfa tung des *Kunsthandwerks*. Das mangelnde Interesse f Skulptur und Malerei kann zum Teil auf die Tradition des nomadischen Daseins zurückgeführt werden, dess Bedarf sich vor allem auf Gegenstände des täglichen G brauchs beschränkt. Sie konnten allerdings sorgfältig g

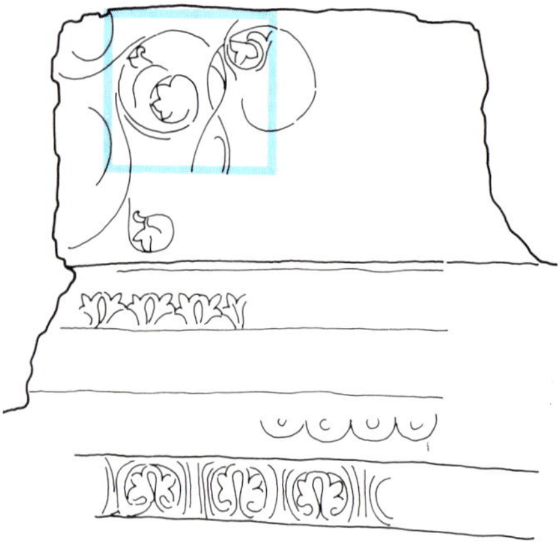

◀▶ Das *Wüstenschloß Msatta in Jordanien* wurde vermutlich vom Kalifen al Walid II. im Jahr 744 errichtet. Die Rankenmotive der Baudekoration zeigen den Einfluß spätantike Vorbilder, die von einheimischen Stei metzen im Dienst des islamischen Au traggebers umgese wurden.

▶ Die reiche *Ornamentik* hat im islamischen Bereich eine derartige Bedeutung, daß von dorther das Wort „Arabeske“ übernommen wurde. Die frühe islamische Ornamentik mit ihren Weinranken, Blättern und Blüten geht von griechischen, römischen und vor allem byzantinischen Vorbildern aus. Sie entstand zur Zeit der Omaijaden und Abbasiden.

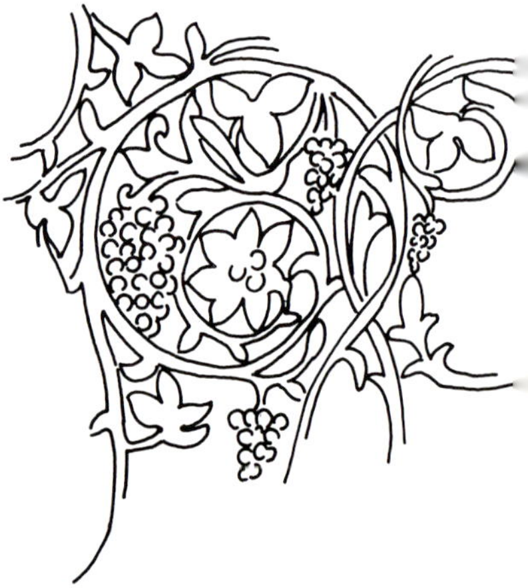

arbeitet und reich geschmückt werden. Auch die seßhaft gewordenen Kulturen behielten teilweise die Vorliebe für die Kunstwerke der Nomaden bei.
Bestimmte *Dekorationsformen* bilden ein gemeinsames Band der islamischen Kunst. Darin verschmolzen Schmuckelemente unterschiedlicher Herkunft: nomadische der Beduinen, Türken und Mongolen mit abstrakter Tendenz und solche der seßhaften Völker des Nahen Ostens, der Byzantiner, Perser, Inder und auch Chinesen mit einer Tendenz zur figürlichen Darstellung. In ihren Ursprüngen nutzte die islamische Kunst auch griechische und römische Motive (Abb. S. 31).

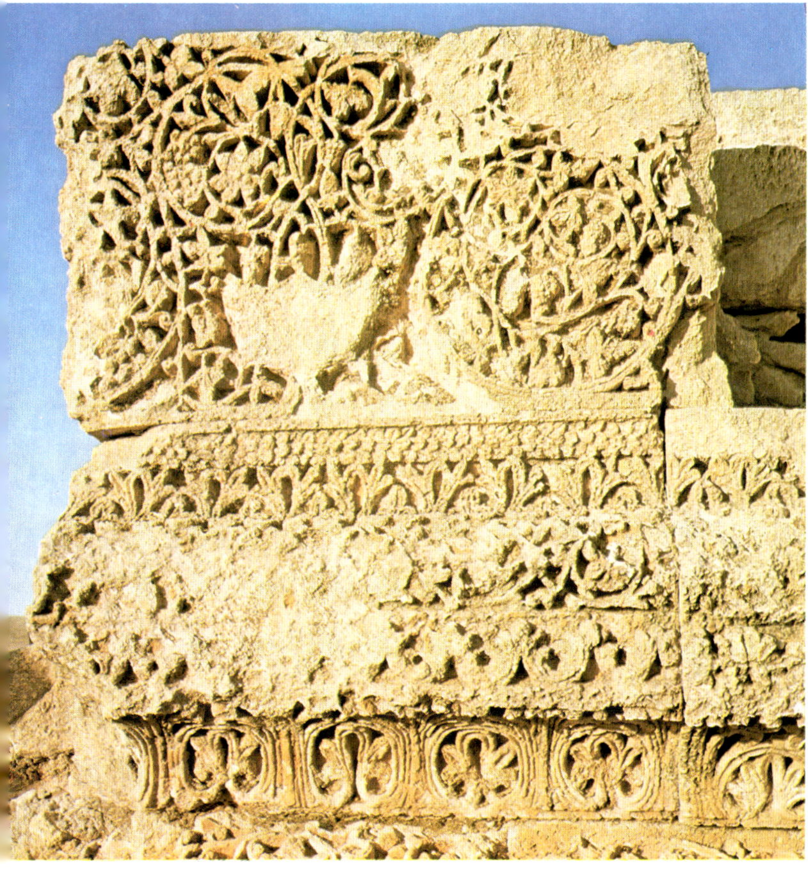

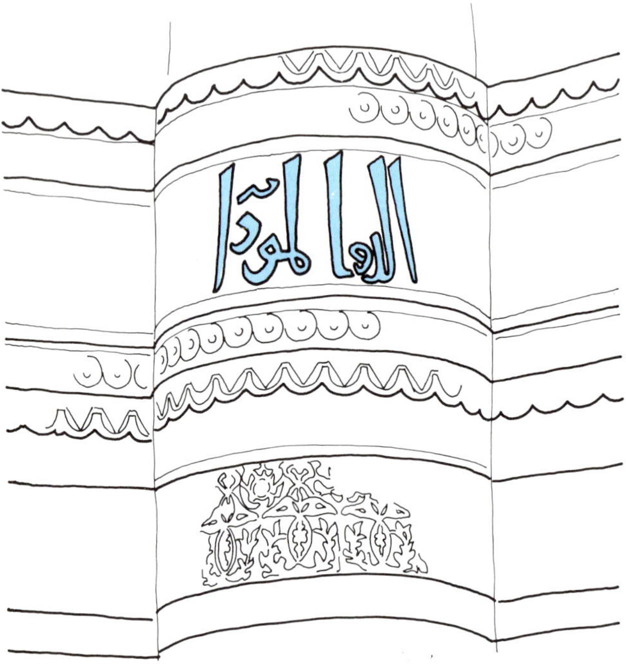

◀▶ Detail von d
Sandsteinbasis de
*Qutb-Minar in Delhi,* um 1199.
Das monumentale
*Schriftband* wird
von reichen Orna-
mentbändern ge-
rahmt. In der islam
schen religiösen
Kunst war die kün
lerisch gestaltete
*Schrift* ein wesent
liches Element.

▲ Eine Eigentümlichkeit der islamischen Dekorationskunst ist die ornamentale Verwendung der *Schrift.* Dieses Beispiel zeigt einen *Siegesturm,* der mit reichem Ornament bedeckt ist, in dessen Frieszonen dekorative kalligraphische Koransuren eingefügt sind. Im religiösen Bereich, der ein strenges *Bildverbot* gebot, gewann die *Schrift* große Bedeutung.

Die *Dekoration* bemächtigte sich vor allem der *Archite*
*tur,* deren Wände und Mauern, sowohl am Außen- a
auch am Innenbau, mit reichem *Bauschmuck* überzoge
wurden. Die verschiedensten Techniken und Materiali
wurden dafür verwendet: Fliesen und Ziegel, Stuck, Ho
Marmor, Stein, Terrakotta. Bestimmte *Ornamentform*
kommen sowohl am *Bau* als auch in *Miniaturen, Tepp*
*chen, Einbänden* und *Geräten* vor.

Die *islamische Dekoration* bevorzugt Friese und Must
die pflanzliche, geometrische oder kalligraphische Moti
in scheinbar unendlicher Abfolge vereinen (Abb. S. 3
Häufig erscheint das Ornament *teppichhaft* verwob
(Abb. S. 35, 45). Komplizierte *geometrische Motive* si
sehr häufig: Sterne, Vielecke, Bänder, Kreisformen, Ra
ken, Blüten, Palmetten, Mäander, Hakenkreuze, Schac
brettmuster, die mit großem Einfallsreichtum kombinie
werden.

Die *arabische Schrift* wurde ebenfalls häufig dekora
verwendet. Zwei Hauptrichtungen traten auf, die zu

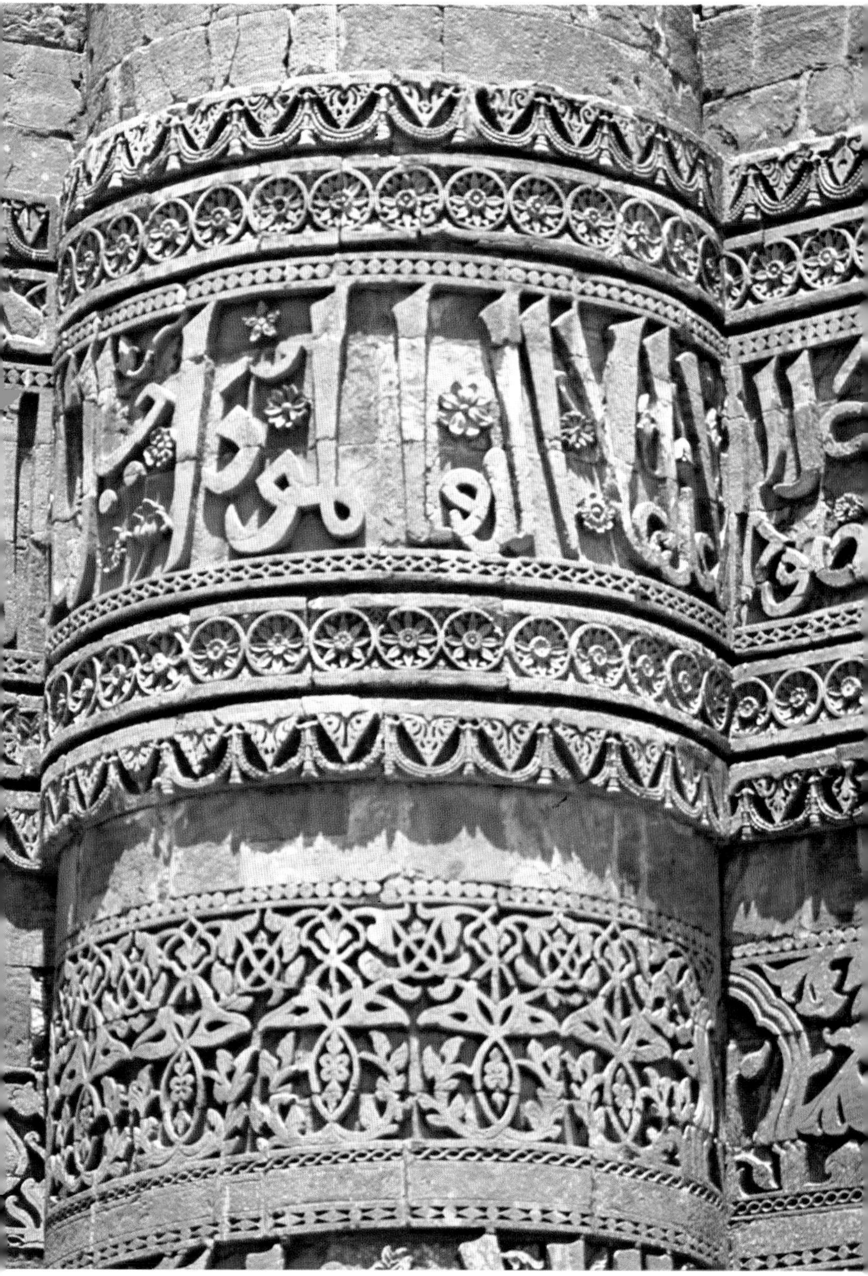

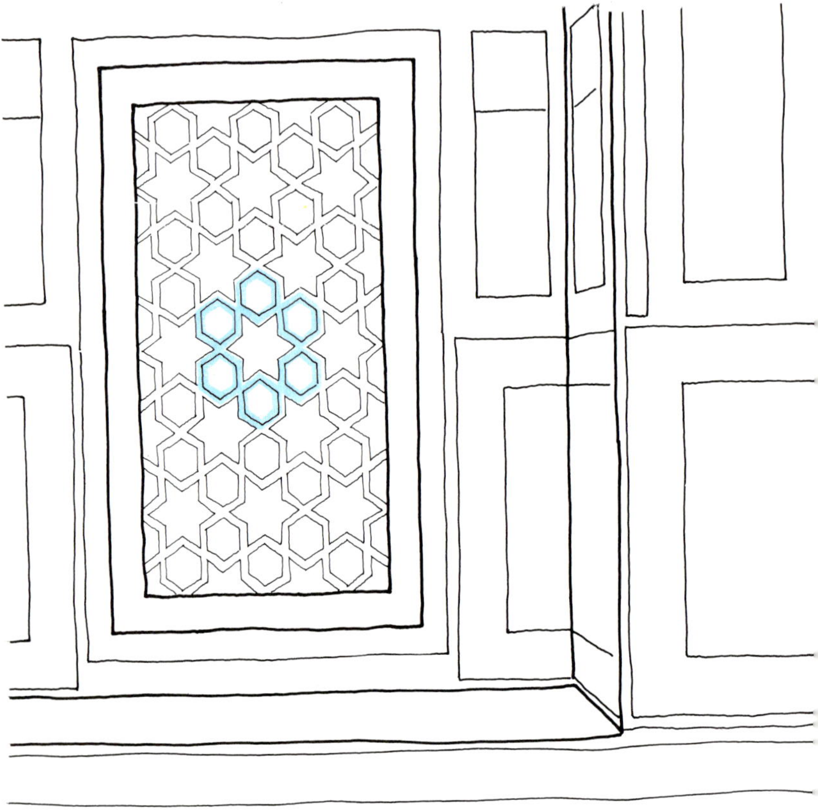

▲ Die *islamische Dekorationskunst* hatte eine Vorliebe für teppichartige Muster, die aus oft komplizierten geometrischen Grundformen in endloser Reihung zusammengefügt sind. Die verschiedensten Techniken und Materialien wurden dafür verwendet.

Schmuck von Gebäuden und Möbeln dienen, eine eckig die sog. *kufische Schrift* und eine formenreiche.

Da die islamische Religion jede bildliche Wiedergabe Go tes, und im religiösen Bereich die Abbildung von Me schen, streng verbietet, kam der *Schrift* größte dekorati Bedeutung zu. Sie diente dazu, den Namen *Allahs* und se ner Attribute und ebenso die Verse des *Korans* künstl risch auszuschmücken. Die islamische *Kalligraph* (Schönschreibekunst) erreichte unter diesen Vorau setzungen eine einzigartige Höhe. Sie verarbeitete die ve schiedensten Einflüsse, darunter auch chinesische (Schri beispiele Abb. S. 21, 25, 33, 41, 49, 50, 53). Die religiö Formel *Bismi"llah* („Im Namen des gnädigen und barr herzigen Gottes") wurde besonders häufig wiedergeben

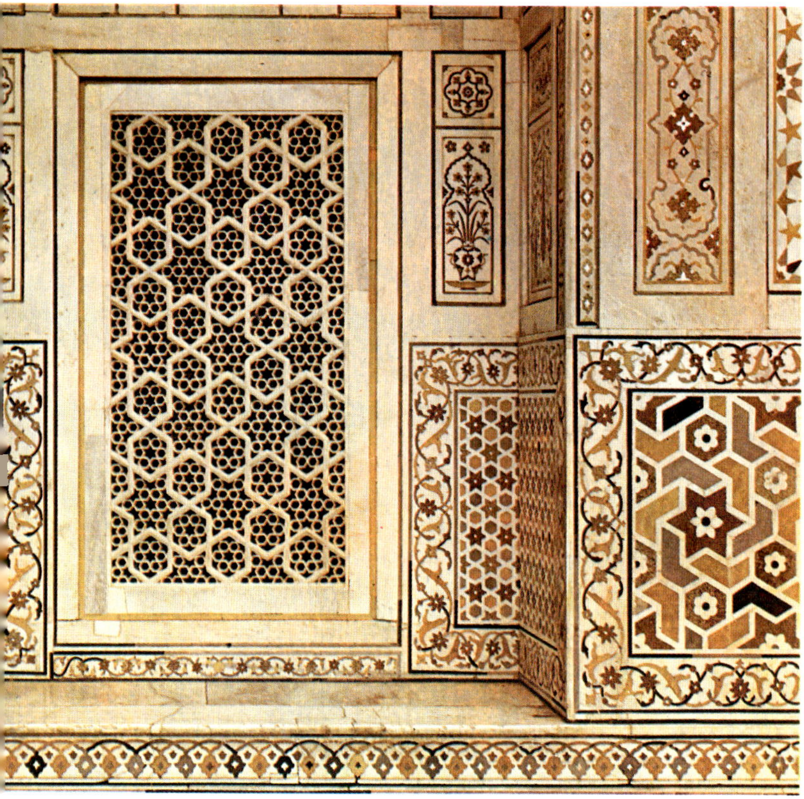

*Detail eines Fen-*
*rgitters vom*
*ıusoleum des I'ti-*
*ıd al-Daula, Agra,*
*28.* Geometrische
ıtive werden hier
ı einer Ranken-
rdüre gerahmt.
e *Intarsia* verwen-
: farbigen Mar-
ır. Die islamische
ınst Indiens liebt
rliche Blumen-
ıtive.

*Florale Motive griechisch-römischer Abstammung* und *sassanidische Palmetten* kommen häufig in der *Abbasidenkunst* des Irak sowie in der *türkischen Kunst* vor, die eine ausgesprochene Vorliebe für Blumen und Gärten kennzeichnet. Die Moslems *Asiens* errichteten Bauwerke, die mit reichem, farbigem *Majolikaschmuck* überzogen wurden, in dem Rankenmotive mit Schriftbändern abwechseln.

Seit dem frühen 15. Jahrhundert wurden die drei Grundformen der Dekoration – die *florale, geometrische, kalligraphische* – auch häufig kombiniert, sei es an Bauwerken, Miniaturen, Teppichen, Gegenständen.

# Die Skulptur

▼ Dieses seltene Beispiel monumentaler islamischer Skulptur zeigt die stilistische Vorliebe für geschwungene und gerundete Formen, wie sie besonders in den Flügeln und dem Leib des Fabeltieres zum Vorschein kommen.

Da die religiösen Vorschriften des Islam die rundplast
sche Wiedergabe des Menschenbildes verbieten, gab es i
islamischen Bereich für eine selbständige *Rundplast*
oder für die *Porträtplastik* kaum Entwicklungsmöglic
keiten. Trotzdem erreichte die Bildhauerkunst, die sic
überwiegend dekorativer Aufgaben und des *Reliefs* a
nahm, einen sehr hohen Rang. Bildhauer und Schnitze
die das verschiedenste Material bearbeiteten, waren zu
Schmuck von Moscheen und Palästen, Brunnen und T
ren vielfach tätig. Zum Teil lebten, wie in der Münzpr
gung und der Metallverarbeitung, ältere kunsthandwer
liche Techniken fort.

Zu den frühen Ausnahmen rundplastischer Gestaltung g
hören die üppigen *Mädchenfiguren aus dem Palast v*
*Hirbat al-Mafgar* aus dem 8. Jahrhundert. Da *Tierda*
*stellungen* vom religiösen Bildverbot ausgenommen w
ren, kommen in der islamischen Kunst Tiere – Löwe
Pferde, Wild, Raubvögel – und phantastische Mischwes
häufig vor, als Herrschaftssymbole oder in dekorativ

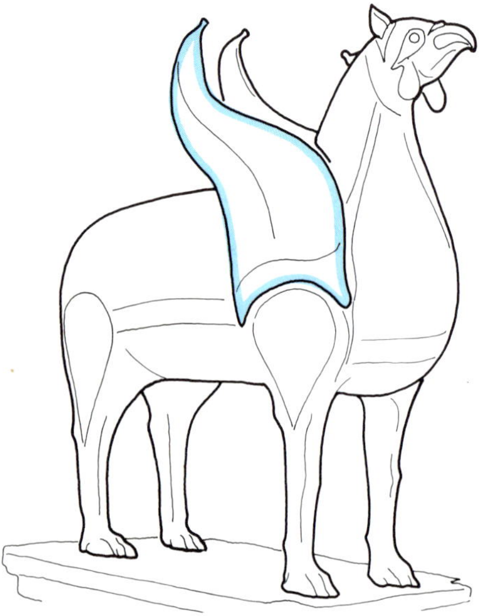

Dieser *Bronze-*
*eif* aus der Fatimi-
nzeit, 11. Jhd.,
hmückte wahr-
heinlich einen
niglichen Brunnen.
e islamische Kunst
gte weniger Wert
f eine monumenta-
Bildhauerei, viel-
ehr erreichte ihr
unsthandwerk eine
ßerordentliche
öhe. An diesem
*onzeguß* kamen
e verschiedensten
chniken zur An-
ndung. Der gra-
rte Dekor zeigt
namente und ku-
che Inschriften.
r Greif kam als
ute der Kreuzfah-
nach Europa und
hmückt nun den
mposanto von
a (Italien).

Verwendung, ebenso als *Brunnenfiguren,* Räucher- und Gießgefäße. Die islamische Baukunst wäre ohne den reichen bildhauerischen Dekor, der auch zur Ausstattung herangezogen wurde, nicht denkbar.

In der islamischen Kultur erreichte das *Kunsthandwerk* eine außerordentliche Höhe. Dies gilt für die Verarbeitung von *Metall, Glas, Elfenbein* und *Holz* und zahlreicher anderer Materialien. Besonderen Ruhm genießt die islamische *Metallbearbeitung,* die auf *sassanidische* und selbst *fernöstliche* Traditionen zurückgriff. Die *Schmiedekunst* hatte einen hervorragenden Rang, und das Repertoire an Formen und Ornamenten war unerschöpflich. Für die Herstellung von *Waffen* wurden meist *Bronze* und *Eisen*

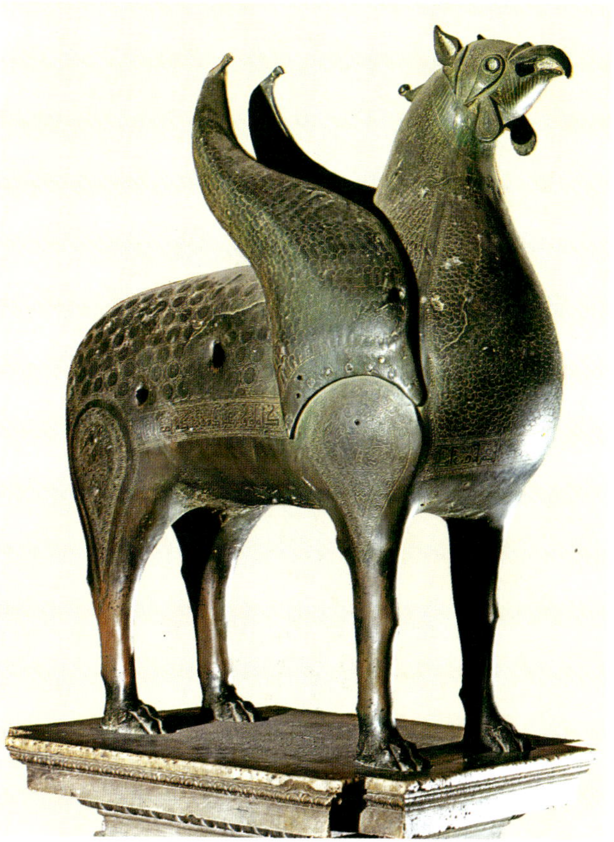

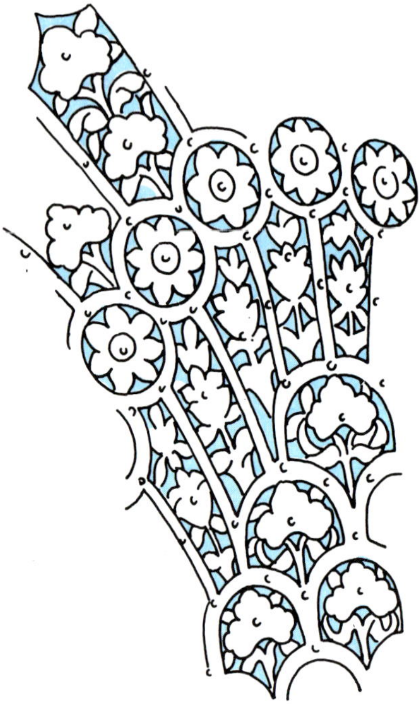

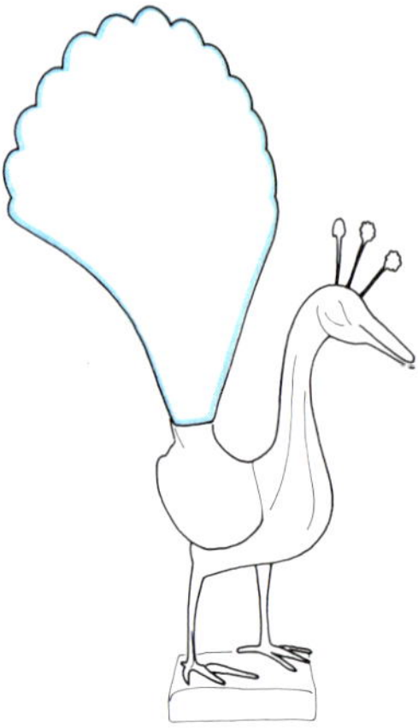

▲▶ *Der Pfau aus gegossenem und geschmiedetem Eisen* stammt aus der *Timuridenzeit* (1370–1500). I ehemalige Verg dung ist nur no in Spuren vorhanden.

▲ Der dekorative ornamentale Reichtum des Gefieders bildet bei dieser Pfauenfigur einen reizvollen Kontrast zu dem schlichten Körper des Vogels.

verwendet. *Gold* und *Silber,* deren Gebrauch der Kor ablehnt, wurden dagegen seltener verarbeitet. Die islan schen Künstler brachten auf ihren Metallarbeiten wie b der Keramik mitunter ihre *Signatur* an, so daß versch dene *Meisternamen* bekannt sind.

An Techniken waren *Treibarbeit* und *Gravierung* b kannt, doch vor allem wurde die Einlegearbeit in Met die *Tauschierung,* gepflegt. Bei dieser Technik werden i Metall Rillen ausgehoben, in die dünne Drähte aus Go Silber oder Kupfer eingehämmert werden, so daß ei reizvolle ornamentale Wirkung entsteht. Diese Techn wurde besonders seit der Seldschukenzeit verwendet, u Metallgegenstände, Leuchter, Schalen, Kohlebecken schmücken (Abb. S. 41). Derartige Tauschierungen war zum Schmuck von Waffen und Rüstung sehr beliebt. *F gran* kam ebenfalls zur Anwendung.

Unter den *Seldschuken* erreichte die islamische Metall arbeitung eine besondere Höhe. Seit dem 13. Jahrhund waren *Kairo, Mosul* und später *Damaskus* führende Z

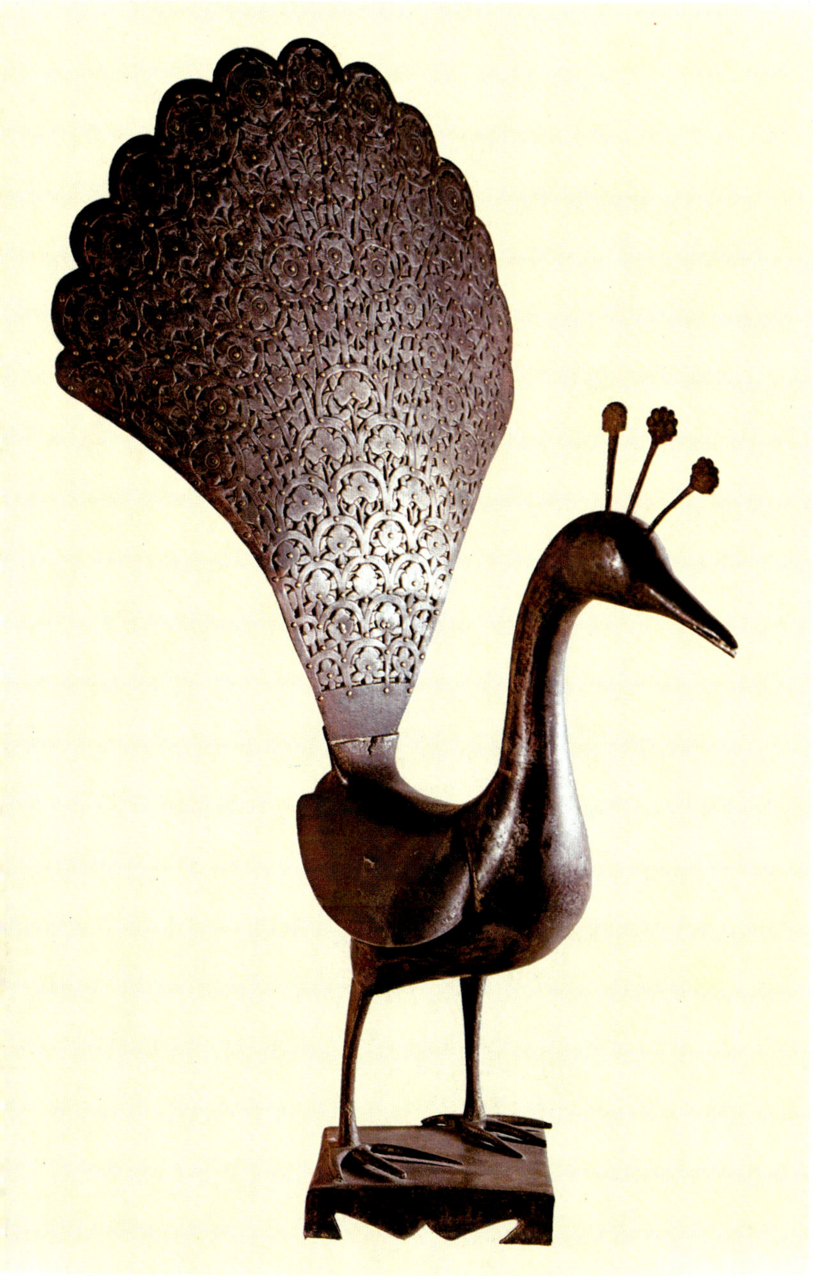

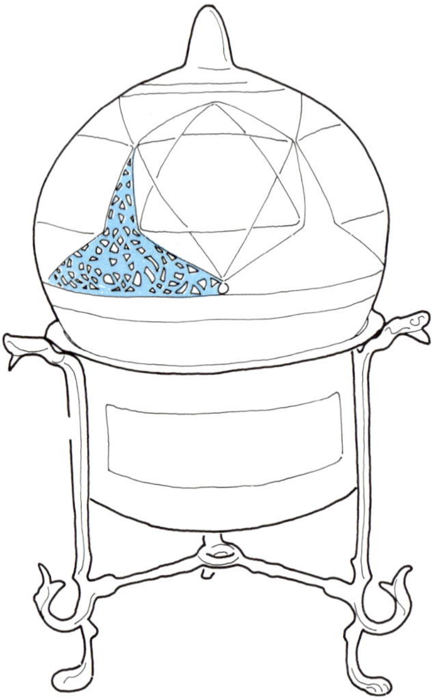

▲ Dieses *Wärmebecken* übernimmt die aus der Architektur bekannte Kuppelform. Die Schmiedekunst bringt die verschiedensten Techniken und *Arabesken* zur Anwendung.

tren mit großer Ausstrahlung. Die islamischen *Kunstschmiede* versorgten drei Hauptbereiche mit ihren Arbeiten, den religiösen, profanen und militärischen. Dem ersten dienten *Moscheelampen,* dem zweiten *Schreibgerät Räucher- und Wärmebecken, Schalen, Truhen, Spiegel Kästchen, Vasen und Gießgefäße. Die Mongolen* schätzten vor allem kostbare *Waffen und Rüstungen, Helme und Schilde, Damaszenerklingen, Streitkolben und Äxte.* Bis zum frühen 16. Jahrhundert wurde die gerade Form des *Schwertes* bevorzugt, später der *Krummsäbel,* den die *Safaviden* schätzten.

Die *Schnitzkunst* wurde im islamischen Bereich besonder gepflegt. Unter den *Omaijaden, Abbasiden* und *Fatimiden* erlebte die *Elfenbeinschnitzerei* eine besondere Blüte. E entstanden z. B. *Schmuckkästchen* mit subtilen Reliefs Die dekorative *Holzschnitzerei* brachte *Lesepulte,* Verzierungen von *Mihrab* und *Minbar* (Gebetnische und Kanze der Moschee) hervor, wofür vor allem *geometrische Ornamente* verwendet wurden.

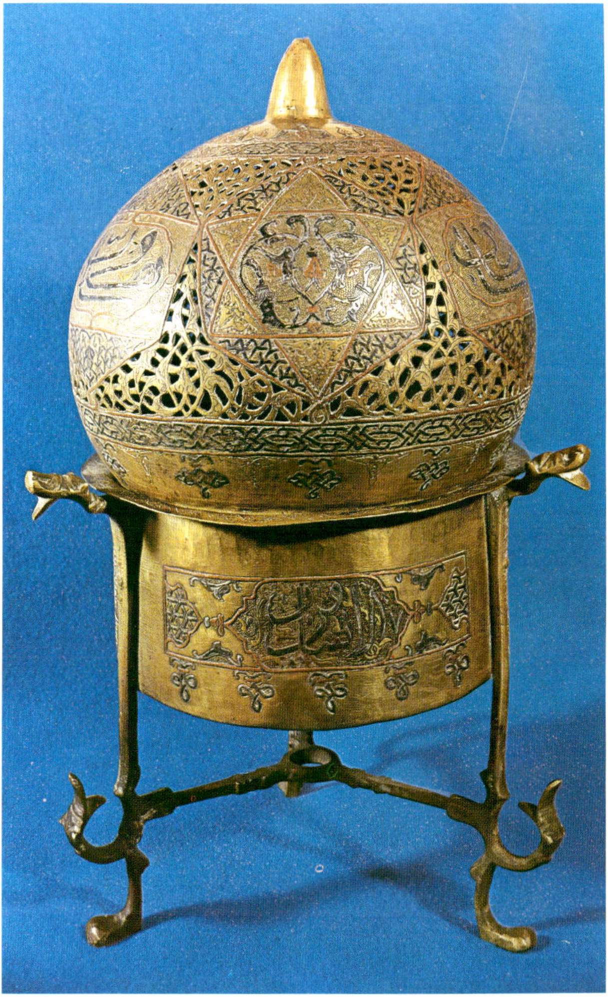

Das *Wärmebek-*
*n aus Kupfer* ist
Meisterwerk per-
cher Schmiede-
nst. Es stammt
s *Teheran* und
rde im 19. Jahr-
ndert geschaffen.
ch dieses späte
ispiel zeigt die lan-
kunsthandwerk-
e Tradition im is-
nischen Bereich,
über viele Gene-
ionen hinweg
nnen und Techni-
weitergab.

Die *Glaskunst* brachte kostbare *Moscheelampen* mit emaillierten Schalen hervor, ebenso entstanden bemalte, geschliffene und geritzte *Gefäße. Glaspaste* und *Bergkristall* wurden ebenfalls mit verschiedenen Techniken bearbeitet. Im 12. Jahrhundert kam die Technik der Emaillebemalung und Vergoldung von Gläsern nach *Ägypten* und *Syrien,* wo die Glaskunst hervorragende Meisterwerke schuf.

# Die Keramik

Die *islamische Keramik* hat nicht nur als selbständi künstlerische Leistung Bedeutung, sondern sie stellt au eine Verbindung zwischen der Töpferkunst der Anti und der des europäischen Mittelalters dar. Schon die alt *Ägypter* beherrschten die Technik der *Glasur* und die *M sopotamier* konnten *Majolika* herstellen. Die islamisch Töpfer übernahmen diese Techniken und entwickelt neue Varianten, vor allem der *Dekoration*. Sie trug *Ritzzeichnungen* auf und kannten das *Sgraffito* wie d *Impasto*, den Farbauftrag in dicker Schicht. Das *Char plevé* war ihnen ebenso vertraut, dabei werden Vertiefu gen in einer Oberfläche mit Emaille gefüllt. Seit dem Jahrhundert war auch die *Lüstertechnik* bekannt, der Glasur einen metallischen Glanz – zwischen goldrot u olivgrün – aufweist.

Im Bereich der *islamischen Keramik* lassen sich versch

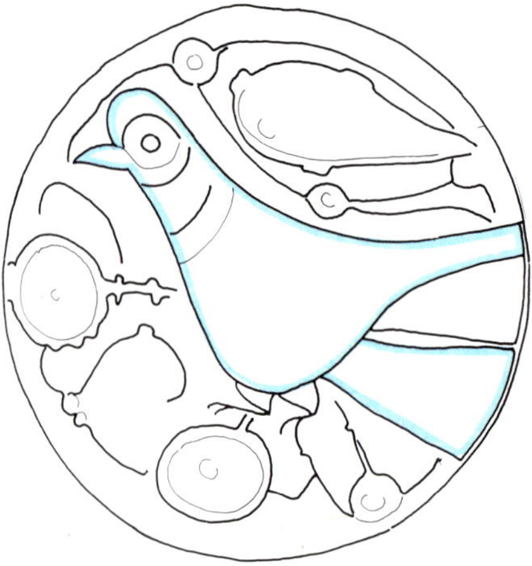

▼ Der Dekor dieser Schale zeigt die Tendenz zur kraftvollen Abstraktion. Das Ornament bevorzugt sanft gerundete Kurven. Die Farbgebung begnügt sich mit dem Kontrast von Braunrot und hellem Grund sowie schwarzer Umrandung.

*Persische Schale us dem 10. Jahrundert, Sari, Nordan.* Es handelt sich m ein Beispiel von *Majolika,* einer weien, opaken Keraik mit Unterglasurekor auf weißem rund.

dene *Hauptproduktionszentren* unterscheiden. *Fustat* in Ägypten, in der Nähe des heutigen Kairo, erzeugte *Steingut* und *Lüsterfliesen,* die zur Baudekoration verwendet wurden. *Samarra im Irak* und die *persischen Zentren Susa und Rayy* brachten Töpfererzeugnisse hervor, die *chinesisches T'ang-Porzellan* aus der Zeit von 618–907 imitierten, das damals ein bevorzugter Importartikel war. Im 9. und 10. Jahrhundert hatte *Nisapur* Bedeutung, das *Keramik mit Sgraffitodekor* und dreifarbiger Glasur er-

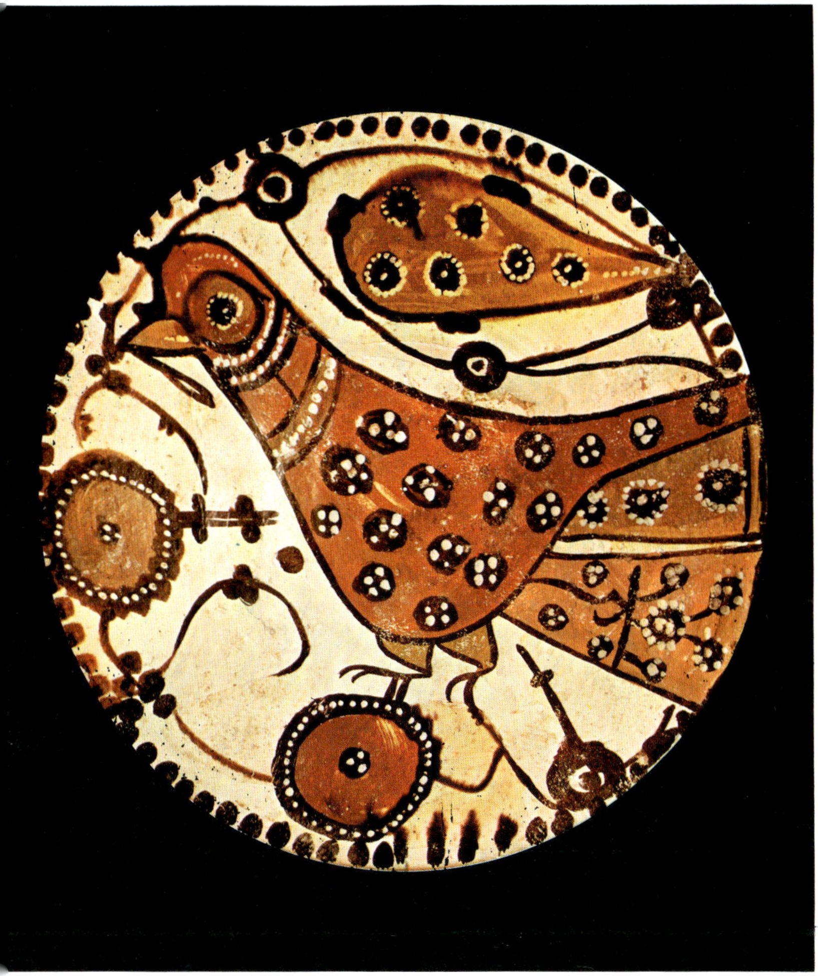

▶ *Die Kombination geometrischer Grundformen* tritt häufig in den islamischen Dekorationen auf. Vielecke sind zu *Sternmustern* zusammengesetzt. Jedes Bildfeld ist wiederum reich geschmückt und gerahmt.

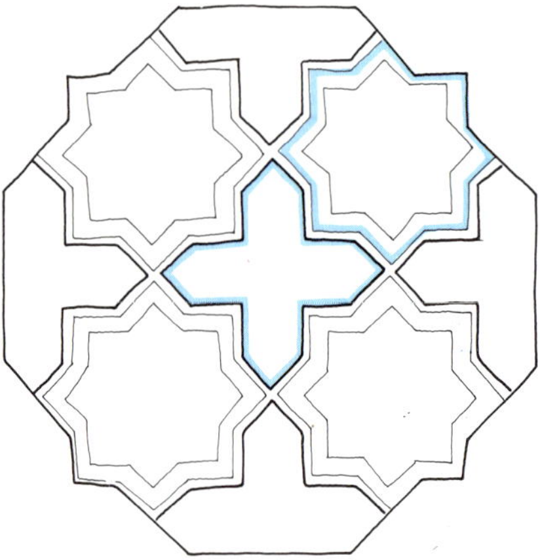

zeugte, ebenfalls unter chinesischem Einfluß. Berühm sind die Schalen mit leuchtend gelber Glasur und elegan tem Dekor mit stilisierten Tauben und Hirschen.

Unter den *Fatimiden* war das alte *Kairo* ein wichtige Zentrum der Keramik. Es entstanden dort *Lüsterkerami* und *Gefäße mit blauem Dekor auf hellem Grund.*

Unter den *Seldschuken* wurde die *Champlevédekoratio* besonders gepflegt, mit blauer Glasur oder mit Zeichnun auf schwarzem Untergrund mit grüner Glasur. Ebens entstand *Lüsterware,* die mit *Reiterszenen* bemalt wurd Das keramische Schaffen nahm einen weiten Bereich ei es entstanden ausgedehnte *Wanddekorationen, Mod* wurden verwendet, *Seladonglasuren* nach chinesische Vorbild kamen auf, daneben die verschiedensten Gefä und Ornamentformen.

Bis zur Mongoleninvasion blühten in Persien die beide Zentren *Rayy* und *Keshan,* die sich auf *Lüsterkerami* und seit 1186 auf mehrfach gebrannte Keramik mit raff nierten Dekors spezialisiert hatten. Die Töpfer von *K shan* waren besonders berühmt für ihre *Kobaltfarben,* d sie aus dem benachbarten *Qansar* bezogen. Sie wandte ihr Können zur Ausgestaltung ganzer *Mihrabnischen* un für Außen- und Innenwände sowie zur Bedeckung vo Kuppeln an. Die *farbig glasierte Keramik* wurde so zu e nem wesentlichen architektonischen Dekorationselemen *Raqqa* am Euphrat gewann als Zentrum der keramische Produktion ebenfalls Bedeutung.

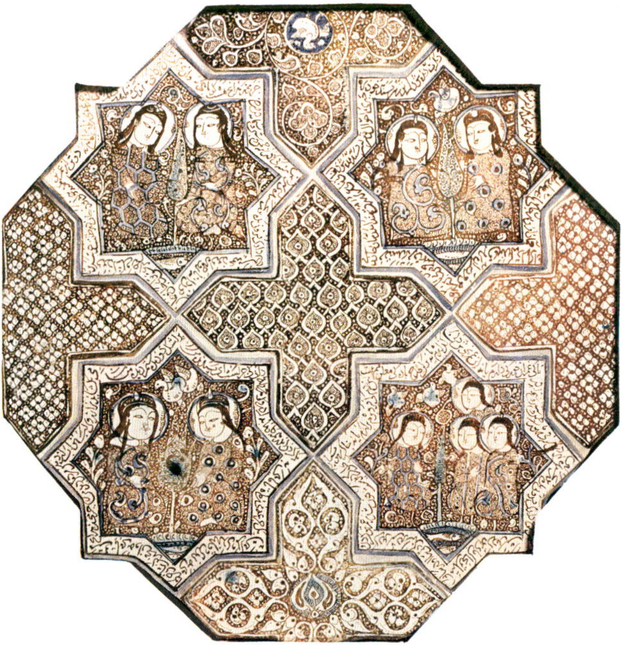

*Ausschnitt einer*
*'iesendekoration*
*ıs Damgan, 13.*
*ıhrhundert.* In die
ernförmigen geo-
etrischen Bildfelder
nd abwechselnd
;ürliche Szenen
ıd kleinteilige
rnamente gezeich-
:t. Das glänzende
otgold der *Lüster-*
*rben* bestimmt den
ndruck. Derartige
ekorationen waren
ı vornehmen
ofanbereich zum
hmuck von Wän-
:n und Böden weit
rbreitet.

Nach dem verheerenden Mongoleneinfall unter Dschingis-Khan konnten sich die persischen Töpfereizentren wieder erholen, doch folgten sie fortan z. T. chinesischen Vorbildern. Es entstand ein überzüchteter Stil, der seinen Höhepunkt im 14. Jahrhundert hatte. *Sultanabad* war ein Hauptzentrum, das sich mit üppigem Blumendekor hervortat. Die persischen Vorbilder wurden in *Damaskus* und *Kairo* nachgeahmt und selbständig abgewandelt.
Chinesische Vorbilder blieben in Persien auch unter den *Timuriden* weiterhin gebräuchlich. Doch unter den *Safaviden* gewann die *Miniaturmalerei* Einfluß, deren Feinheit nun auch die Töpfer in ihrem Dekor zu erreichen suchten. Die *blaue Unterglasmalerei der chinesischen Mingperiode* (1368–1644) war ebenfalls ein oft nachgeahmtes Vorbild. Die persischen Töpfer jener Zeit taten sich mit ihren Arbeiten zur *Baudekoration* besonders hervor, in *Isfahan, Ardabil* und kleineren Zentren; ihre *farbig glasierten Ziegel und Fliesen* überziehen die Bauwerke mit teppichhafter Pracht und verleihen ihnen märchenhaften Glanz (Abb. S. 4, 21, 25, 27). Rankenmotive und Inschriften wurden

▼▶ Der *Ölkrug aus Damaskus* stammt aus dem 15. oder 16. Jahrhundert. Die Technik orientierte sich damals an der blauen Unterglasurmalerei des chinesischen Mingporzellans. Verwandte Dekorationselemente – Friese mit Vielpässen und eingestreuten Blumenmotiven – sind in der islamischen Kunst häufig zu finden.

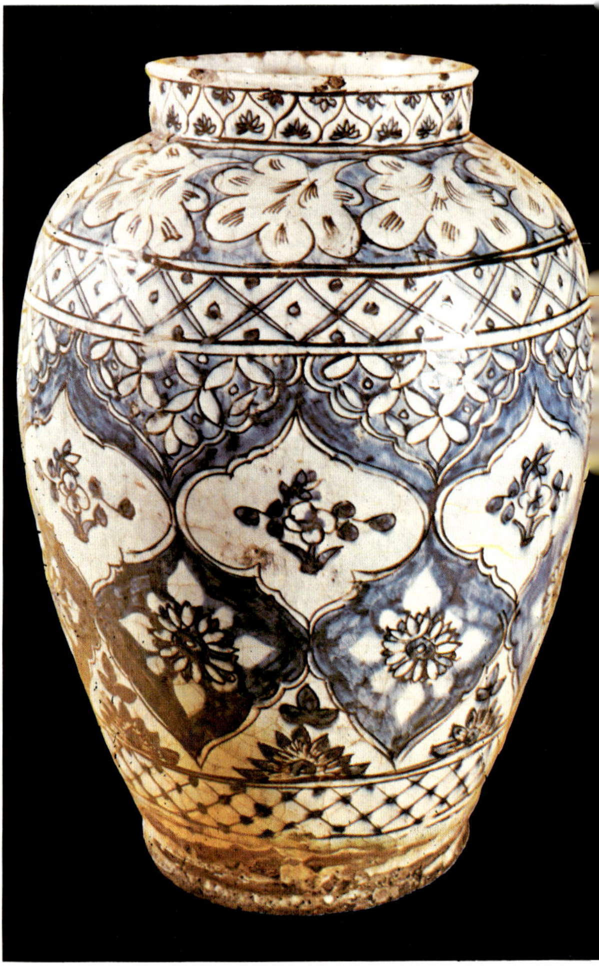

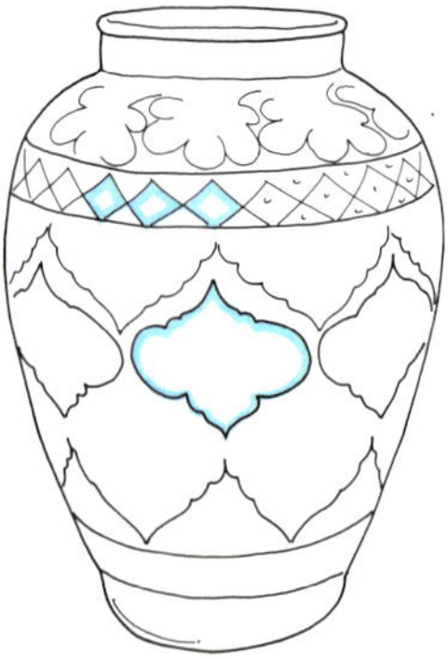

virtuos zu ornamentalen Meisterwerken verflochten, flora le und geometrische Muster prägen den Außenbau.
Unter den *Osmanen* wurde im 16. Jahrhundert qualitä volle Keramik geschaffen. Berühmt sind die *farbige Wanddekorationen,* die zum Schmuck von Moschee Gräbern und Palästen dienten. *Iznik* war eines der führen den Produktionszentren. Die *Iznik-Keramik* zeichnet sic durch eine kräftige Ornamentik und leuchtende Emaill farben aus (Abb. S. 47). Nelken und Tulpen kommen hä

► *Türkische Plat-*
*aus Iznik,* dessen
önste Keramik
16. Jahrhundert
stand. Die islami-
e Kunst konnte
e Ornamentik auf
verschiedensten
jekten anbringen.
*Blumenarabes-*
schmücken hier
e Keramikplatte,
h ähnlich sind sie
Wandfliesen,
piche n und
niaturen wieder-
inden.

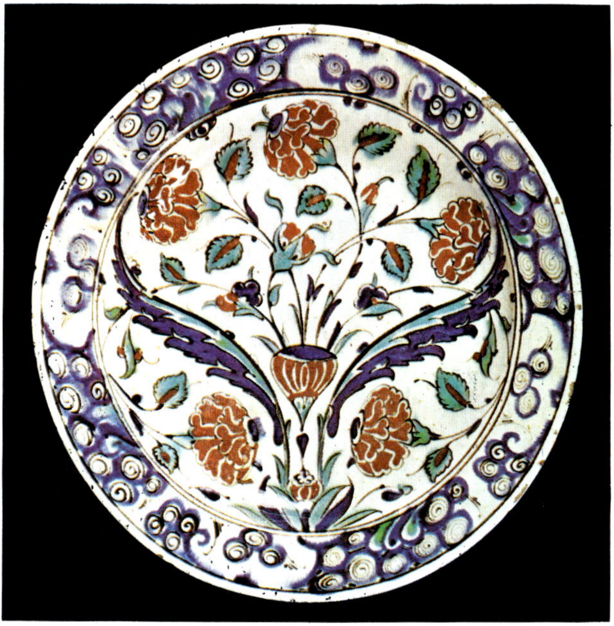

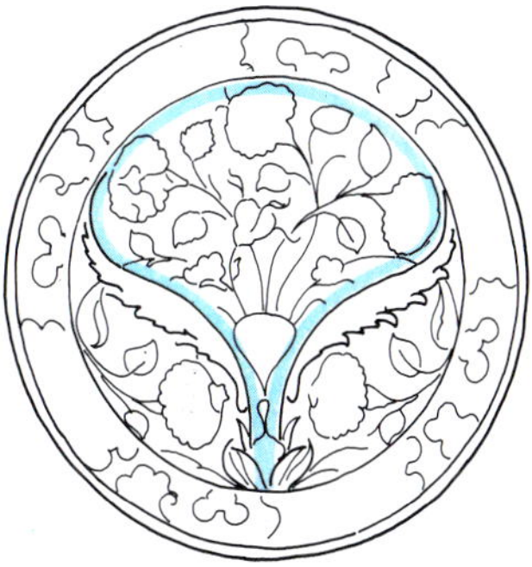

fig als Schmuck vor, ebenso Segelboote und Tiermotive. Typisch für die frühe türkische Keramik ist die Farbgebung mit frischem Korallenrot, Ultramarinblau und Türkisblau. Varianten dieses Stils entwickelten sich im 18. Jahrhundert in *Kütahya* in Anatolien.

# Die Buchmalerei

▶ Die Illustration aus der Fabelsammlung *Kalila und Dimna* illustriert das Motto „Einigkeit macht stark". Die Miniatur entstand am Ende des 14. Jahrhunderts in Persien während der Mongolenherrschaft unter den *Ilhaniden.*

Die islamische Religion brachte dem geschriebenen W
hohe Achtung entgegen. Die meisten Gläubigen waren
Besitz eines geschriebenen *Korans,* zudem gab es öffe
liche *Bibliotheken* mit oft großen Buchbeständen. Um d
Jahr 1000 besaßen z. B. die Bibliotheken Cordobas
Spanien 140 000 Handschriften. Die Vatikanische Bibl
thek zum Vergleich, die größte des christlichen Euro
hatte damals dagegen kaum 1 000. Der *Buchdruck* w
den Moslems seit dem 10. Jahrhundert bekannt, doch
ben sie künstlerisch geschriebenen Büchern den Vorz
Unter diesen Voraussetzungen erreichte die islamisc
*Kalligraphie* und *Buchmalerei* höchste Eleganz und V
feinerung. Seit dem 10. Jahrhundert kannte man die H
stellung feinsten *Papiers.*
Religiöse Schranken engten die Ausbreitung der isla
schen *Miniaturmalerei* erheblich ein. Das islamische
derverbot untersagte die Illustration des Korans mit fig
lichen Bildern. Nur geometrische Ornamente waren

▶ In der *islamischen Miniaturmalerei* ist die Einteilung des Bildfeldes in verschiedene *Rechtecke* üblich. Die Komposition erhält dadurch eine übersichtliche Gliederung.

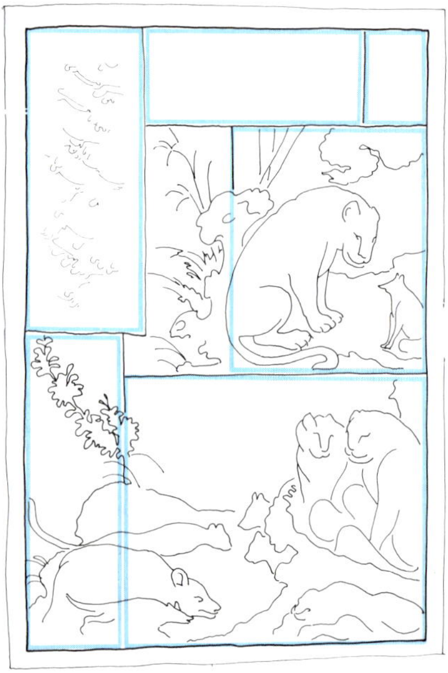

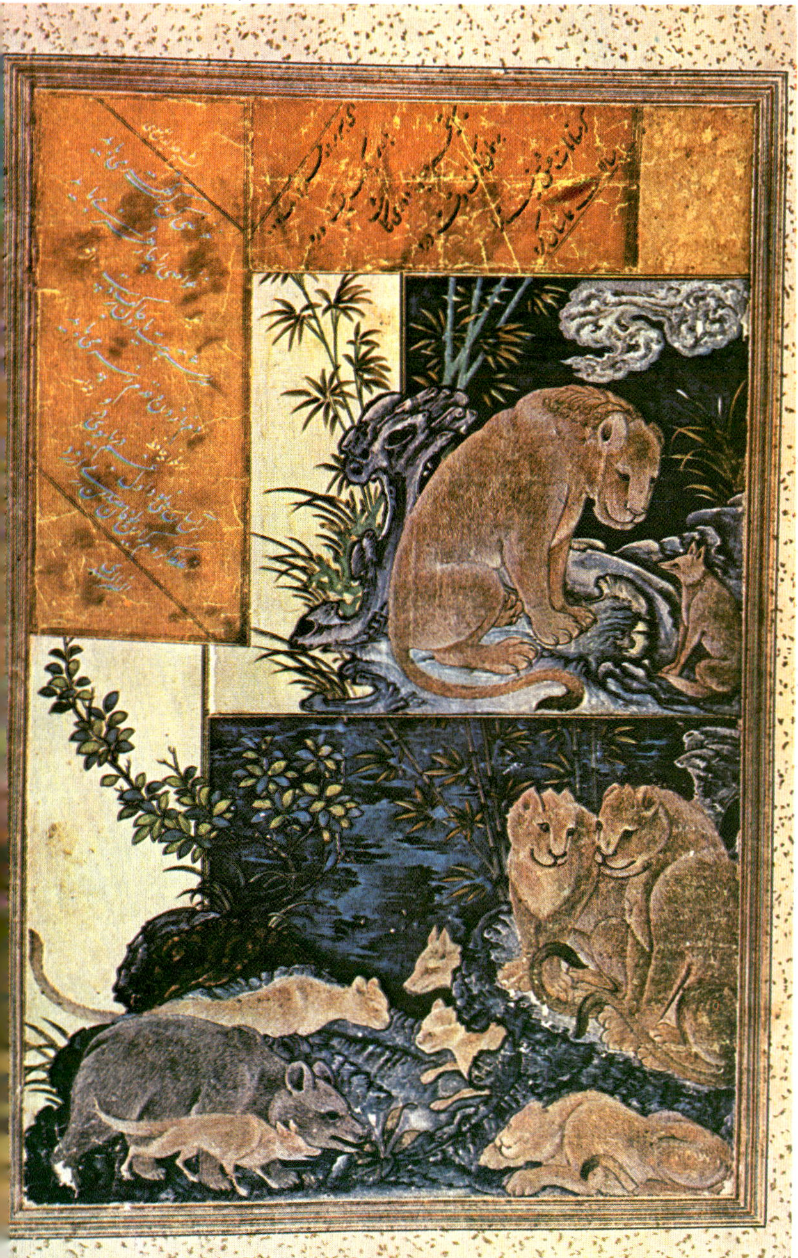

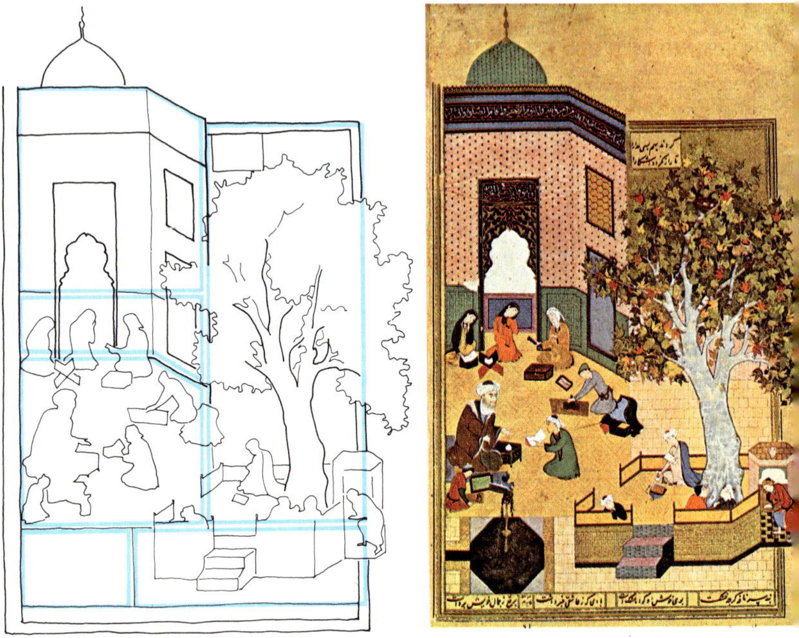

▲ *Bihzad von Herat in Persien (1450–1536)* war der berühmte Miniaturmaler, der im Jahre 1494 diese *Schulszene* malte. Sie illustriert ein Gedicht des Dichters *Nizami* aus dem 12. Jahrhundert. Typisch ist die flache, unkörperliche Wiedergabe der Architekturkulissen und der ornamentale Reichtum sowie die leuchtende Farbigkeit.

laubt, was die Ausgestaltung der Schrift und Dekorat sehr beflügelte. Die *Miniaturmaler* fanden jedoch za reiche Aufträge für die Herrscher und wohlhabenden B ger. Die ersten bedeutenden Zentren der *Miniaturmale* entstanden unter den *Abbasiden* und den *Seldschuken* *Mosul* bzw. *Bagdad.* Die frühesten Handschriften, dort illustriert wurden, waren wissenschaftliche Abha lungen, deren Bildvorlagen aus dem sassanidischen hellenistisch-syrischen Bereich stammten. Bereits im Jahrhundert wurden in *Herat* astronomische Texte i striert. Dann kamen Historien und Fabelsammlungen h zu, die den Miniaturmalern reiche Möglichkeiten zu ph tasievoller und detailreicher Ausgestaltung boten. Die schichten von *Kalila und Dimna von Bidpai* und die *M* *kamen* (Unterhaltungen) *des Hariri* wurden häufig kop und illustriert.

Im Laufe der Entwicklung nahm die *islamische Buchi* *stration* typische Merkmale an. Jede Seite wurde in g metrische Felder gegliedert, mitunter wurden auch z gegenüberliegende Seiten entsprechend zusammengef

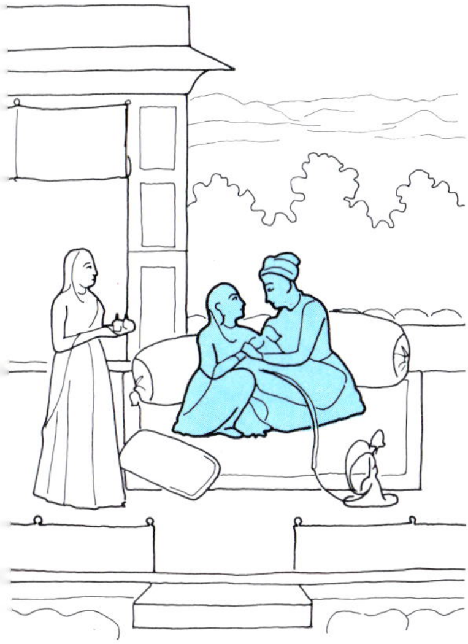

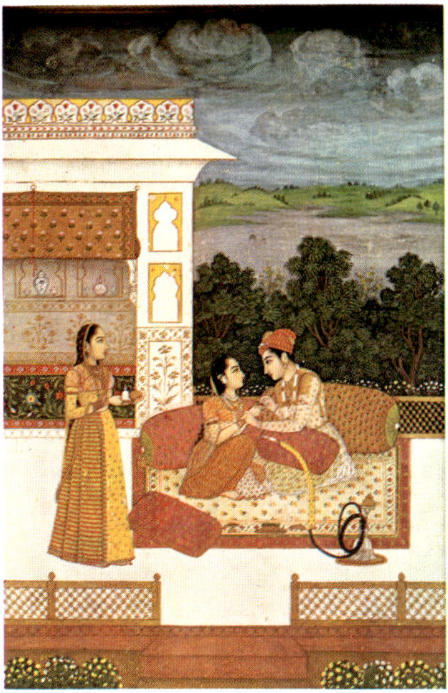

*Die indische Mo-*
*lmalerei des 18.*
*hrhunderts* kombi-
ert – wie bei dieser
ebesszene – exakt
obachtete Natur-
tails mit ornamen-
en Elementen zu
sgewogenen Kom-
sitionen.

Speziell bei *Koranhandschriften* wurden, den religiösen Vorschriften folgend, figürliche Darstellungen vermieden und dafür ganze Seiten mit komplizierten *Ornamentmustern* bedeckt.

Nach der *mongolischen Eroberung* wurden die Miniaturmaler des islamischen Asien von *chinesischen* Vorbildern und Techniken beeinflußt. Die Farben wurden mit feinsten Nuancen bereichert, typische Tier- und Pflanzendarstellungen und Wolkenmotive wurden übernommen. Keine Stelle des Bildfeldes blieb ungenutzt. Unter den *Ilhaniden* war die Buchmalerei von *Täbris* besonders berühmt, während unter den *Timuriden Siraz* und *Herat* blühten. Der Miniaturmaler *Bihzad* genießt einen großen Ruf. Er lernte in *Herat* und ging dann nach *Täbris,* wo er einen für die *Ilhanidenzeit* typischen Stil entwickelte, der zahlreiche Nachahmer fand. Zu seinen Nachfolgern gehören *Mahmud Mudhabib aus Buchara* und *Sultan Muhammad,* das Haupt der Schule des Schah *Tahmasp* und der hochgeschätzte *Riza Abbasi.* In *Persien* entwickelte sich aus diesen Quellen eine reine Buchmalerei, die in den Meisterlei-

▼ *Die türkische Buchmalerei des 18. Jahrhunderts* begnügt sich mit einer auf die Grundformen reduzierten Komposition in klarer Anordnung. Die Zonen von Bild und Schrift werden getrennt.

stungen der *Safividenzeit* und in der *Mogulmalerei I-diens* ihre Vollendung fand (Abb. S. 50, 51).
Zu ihrer Blütezeit hatten die *islamischen Buchminiature* bestimmte gemeinsame Kompositionsprinzipien. Die B der wurden von einem fein ausgearbeiteten *Rahmen* umg ben, der häufig *Schrift* enthält oder sie wurden *teppichha* in Schrift- und Ornamentformen verwoben. Verschieder Phasen einer Handlung können auf einer Seite zusamme gefaßt sein, durch eine geometrische Ordnung geglieder die Darstellungen sind aus der *Vogelschau* gesehen. D *Farbgebung* folgt einem kultivierten Geschmack, häuf mit der Vorliebe für reine und leuchtende Töne. Mit grö ter Sorgfalt und eleganter Stilisierung sind die kleinteilig Kompositionen zusammengefügt, so daß eine märche hafte Gesamtwirkung entsteht. Die *Miniaturmalerei d Safavidenzeit* stand im lebhaften Austausch mit der *Te pichkunst* und der *Baudekoration*. Die *Miniaturmaler der Mogulzeit in Indien* ging von diesen Voraussetzunge

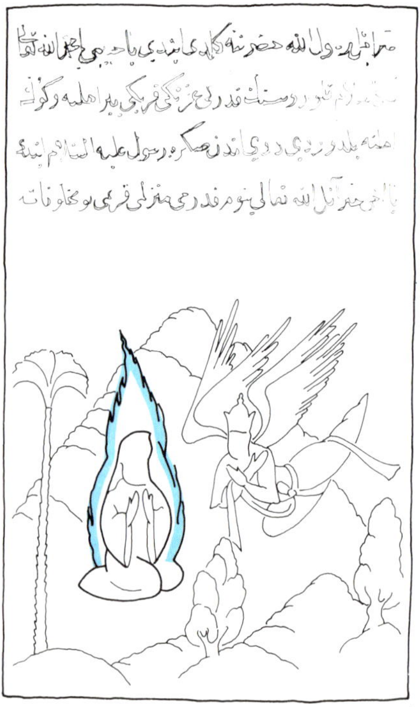

aus, doch tendierte sie stärker zu naturalistischen Effekten, vielleicht unter europäischem Einfluß, und zu härteren Farbkontrasten unter dem Einfluß der Hindukunst (Abb. S. 51). Die *indischen Miniaturen* wurden von den Buchmalern mitunter auf separaten Blättern gemalt und ohne unmittelbaren Zusammenhang mit dem Text eingefügt. Die *türkische Buchmalerei* ging in ihren Anfängen ebenfalls von der *Safavidenkunst* aus.

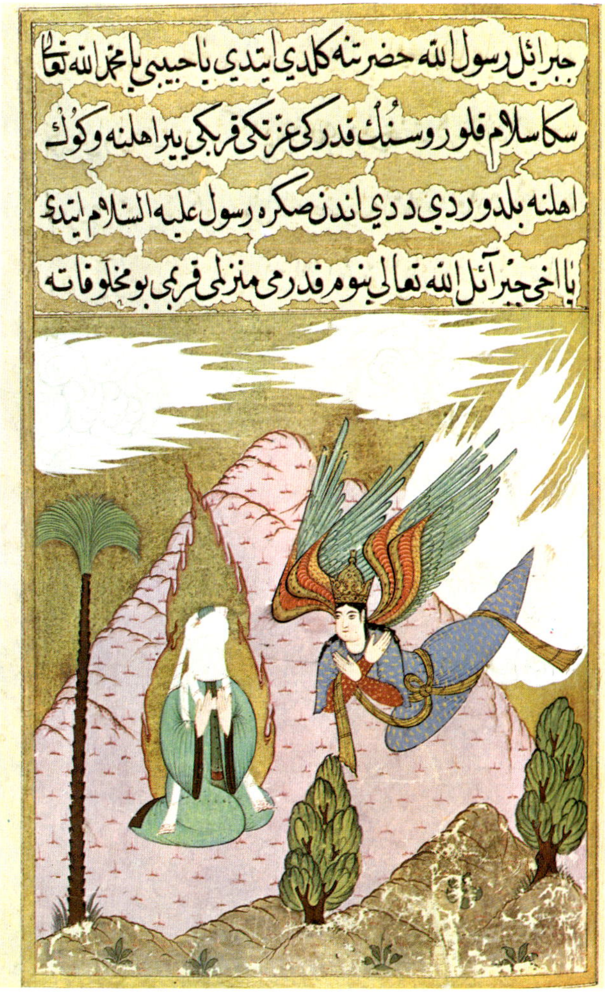


*Der Erzengel Ga-
iel offenbart dem
·opheten Moham-
ed den Koran.* Die
rkische Miniatur
ıs dem 18. Jahr-
ındert ist ein unor-
odoxes Werk. Die-
s türkische Beispiel
gt geringeren Wert
f die dekorativen
inheiten als etwa
persische oder in-
sche Buchmalerei.
ıs dramatische
ısdrucksstreben
gnügt sich mit der
ılichten Aufzäh-
ıg der Haupt-
mente.

# Die Teppichkunst

▶ Detail eines großen *persischen Teppichs,* der um 1550 in *Täbris* geknüpft wurde. Die ursprüngliche Teppichkunst der Nomaden hat in diesem kunstvollen Beispiel eine außerordentliche Verfeinerung erfahren.

Die Kunst der *Teppichherstellung* ist weit älter als der I
lam. Die *Nomaden Zentralasiens* beherrschten die Tec
nik des textilen Knüpfens und Wirkens seit altersher, u
von ihnen kam sie in die islamische Welt.
Unter den *Seldschuken* entstanden in *Anatolien* im 1
Jahrhundert die frühesten erhaltenen islamischen Tepp
che, und Marco Polo erwähnte bereits solche Beispiele, a
er im Jahr 1271 dorthin kam. In den einzelnen Entst
hungsgebieten wurden bestimmte *Muster* bevorzugt,
daß sich die Provenienz der Teppiche meist eindeutig fes
legen läßt, schwierig ist dagegen die Datierung, da sich b
stimmte Formen über viele Generationen nahezu unverä
dert erhielten. Die ägyptischen *Mamlukenteppiche* si
nicht nur in seltenen Originalen erhalten, sondern auch
europäischen Gemälden des 15. Jahrhunderts nachwei
bar.
Unter den *Safaviden* erlebte die persische Teppichkun
eine außerordentliche Blüte. Von hier kamen auch Kün
ler nach *Indien* zu den Mogulkaisern, während in d
Knüpfkunst *Zentralasiens* tibetische und chinesische Ei

▶ Dieses *Meisterwerk persischer Teppichkunst* ist in ein großes Mittelfeld und eine breite Bordüre gegliedert. Die weitere Unterteilung erfolgt durch komplizierte geometrische Muster und Friese, Arabesken, Ranken, Medaillons, Blüten- und Tiermotive.

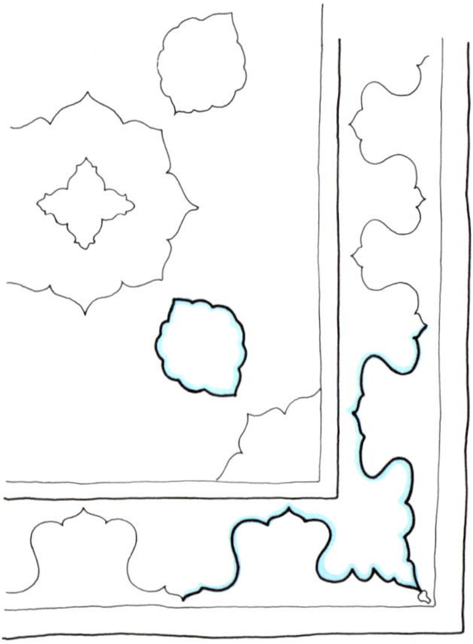

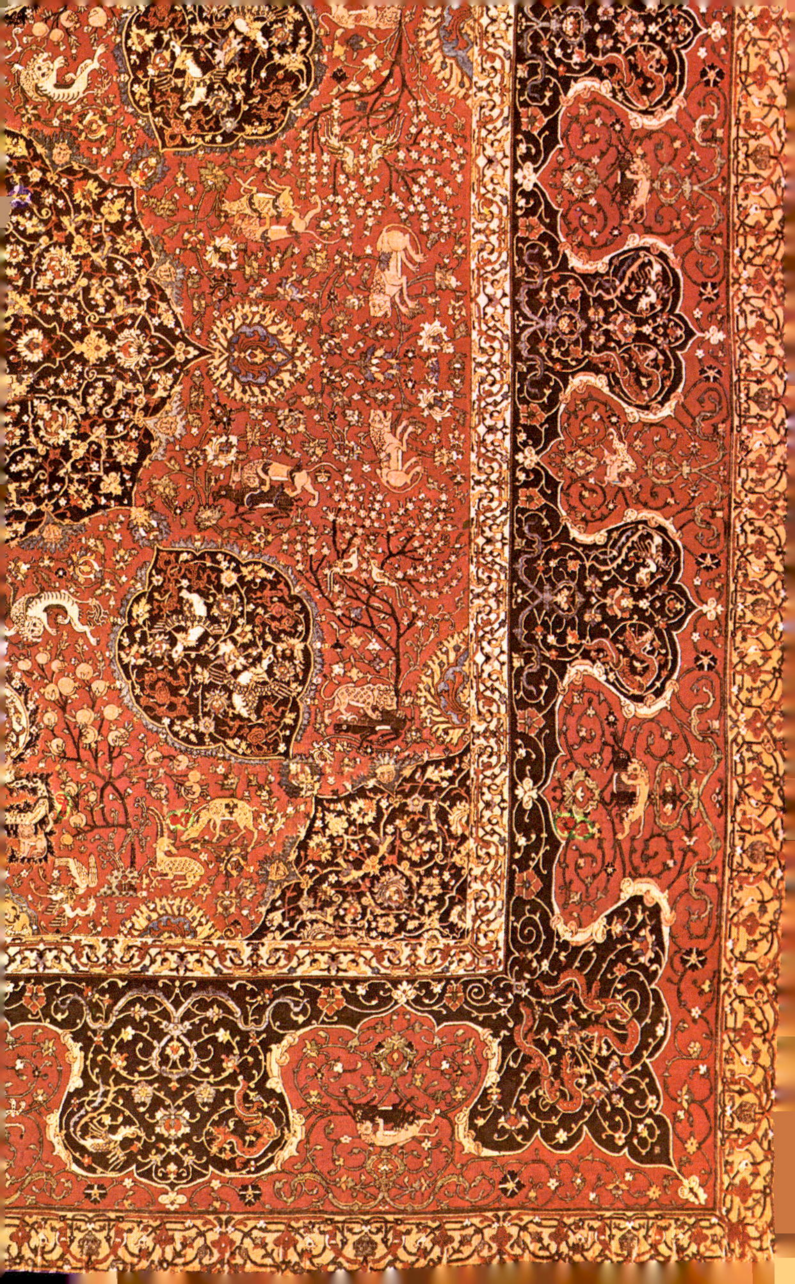

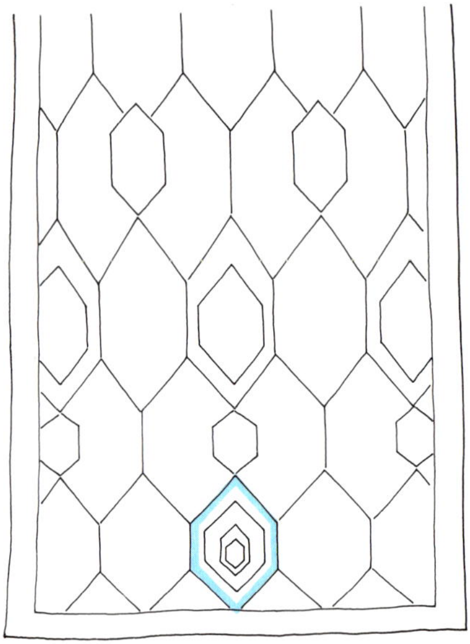

◀ Die *geometrischen Grundformen* dieses Teppichs sind durch die ornamentale Bereicherung überlagert, doch dienen sie seiner Gliederung.

▶ Die Provenien: dieses Teppichs a dem 16. oder 17. Jahrhundert ist ni eindeutig festzulegen. Wahrscheinl stammt er aus *Arr nien* oder dem *Ka kasus*. Die stilisie ten Pflanzen- und Tiermotive sind charakteristisch f das Nomadenerb

flüsse auftreten (Abb. S. 59). Manche *Nomadenstämr* haben die Traditionen der Teppichkunst bis zur Gege wart weitergegeben. Unter den Herrschern Persiens u Indiens des 16. und 17. Jahrhunderts stand die Teppic manufaktur vor allem im Dienst der Höfe (Abb. S. 5. Die besten Künstler lieferten die Entwürfe.

Bestimmte Merkmale treten häufig bei den Teppichen a dem islamischen Bereich auf. Für die Nomaden war d Teppich ursprünglich Ersatz für den blühenden Gart Ein Teppich hat üblicherweise einen mehr oder mind gegliederten *Rahmen*. Im Mittelfeld kann sich eine Einz darstellung befinden oder häufiger eine Anordnung orr mentaler Motive, der ein geometrisches Schema zugrunc liegt. *Persische Teppiche* weisen *Medaillons* auf. Rank Tier- und Pflanzenmotive sind häufig, die phantasievoll die Gesamtkomposition eingegliedert werden. Für d *Hof* wurden kostbare Teppiche geschaffen, die nicht zu alltäglichen Gebrauch, sondern für Repräsentationszwe ke bestimmt waren. So gibt es kostbare *Gartenteppic* die an den Reichtum königlicher Parks und Wildgehe erinnern. *Knüpfteppiche* und *Wirkarbeiten* wurden sowc für die Moscheen als auch für den privaten Bereich

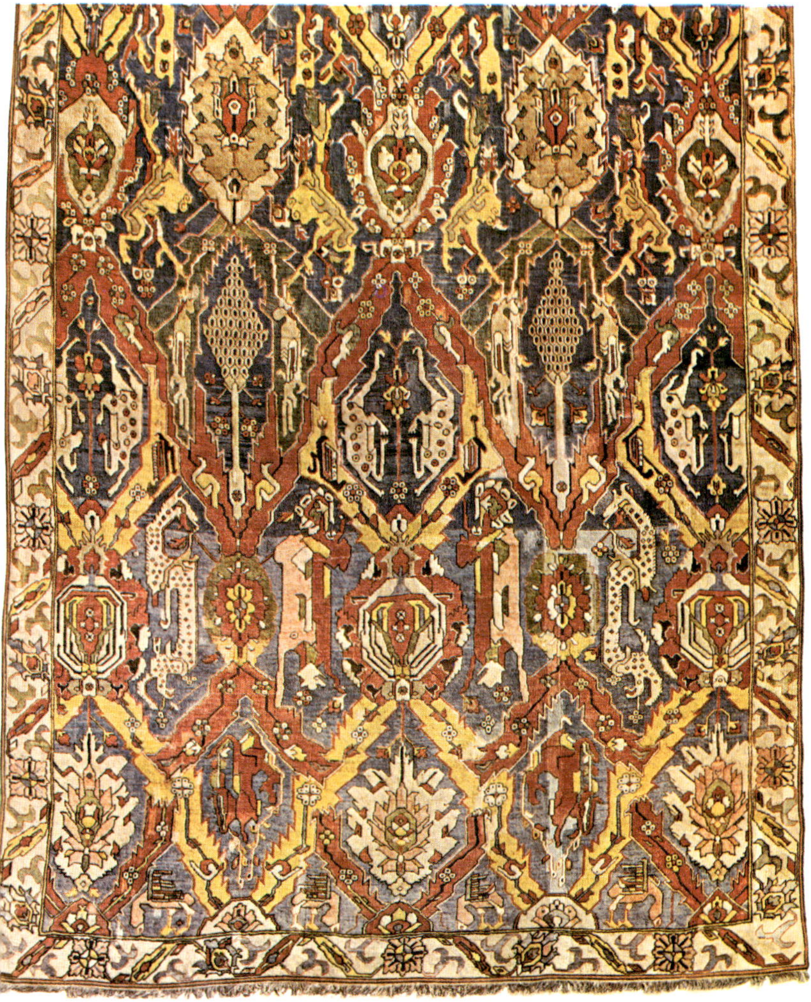

schaffen. Die Nomaden verwendeten sie zur Ausstattung ihrer Zelte und für Satteltaschen. Für den *Moslem* ist der *Gebetsteppich* wichtig, da er sein Gebet an einem reinen Ort verrichten soll. Häufig ist das Zentralmotiv des Gebetsteppichs die Darstellung einer *Gebetsnische* (Abb. S. 61) oder einer *Nische mit einer Blumenvase.* Unter den *Teppichen* aus dem islamischen Bereich lassen sich drei Hauptgruppen – entsprechend der Technik – unterschei-

▶ Der *Teppich aus Samarkand* weist zahlreiche Ornamentformen *chinesischer* Abstammung auf. Typisch ist die Farbigkeit, die Blau und Goldgelb bevorzugt. Die Eroberung islamischer Gebiete durch die *Mongolen* förderte den Austausch künstlerischer Motive zwischen China und Zentralasien.

den: die *Knüpfteppiche,* die *Wirkteppiche (Kelim)* und di im Kettenstich gefertigten *Sumak,* bei denen die Wirkfä den auf der Rückseite des Teppichs frei heraushängen.
Die *Knüpfteppiche* haben *Kette und Schuß.* Als Materia werden Wolle, Baumwolle und Seide verarbeitet. Man un terscheidet verschiedene Knüpftechniken. Die *türkische Teppiche* haben einen weiten Knoten oder *Ghordes,* di *persischen* einen dichten, *Senne.* Die *Dichte der Knoter* die als Qualitätsmerkmal gilt, kann stark variieren, je nac Provenienz und Knüpfer. Sie beträgt durchschnittlich zwi schen 1 500 und 3 000 Knoten pro Quadratdezimeter be *Wollteppichen* und kann zwischen 4 000 und 8 000 Kno ten bei *Seidenteppichen* erreichen. Eine Unterscheidun der Teppiche erfolgt auch nach den *Maßen,* doch ist di *Provenienz,* das *Herkunftsgebiet,* das entscheidend Merkmal. Jede Region, jeder Stamm, jede Stadt hatte tra ditionsgemäß bestimmte Motive, Farben und Eigenheite (z. B. Verarbeitung von Schaf-, Ziegen- oder Kamelhaa und Fabrikationsmerkmale, so daß der Kenner mit S cherheit die Herkunft eines Teppichs bestimmen kann.

▶ Im islamischen Bereich hatten die *nomadischen Völkerschaften* die Tendenz zur *geometrisch-abstrakten* Dekoration. Dieser *Teppich* z. B. kombiniert komplizierte geometrische Muster in „endloser" Reihung

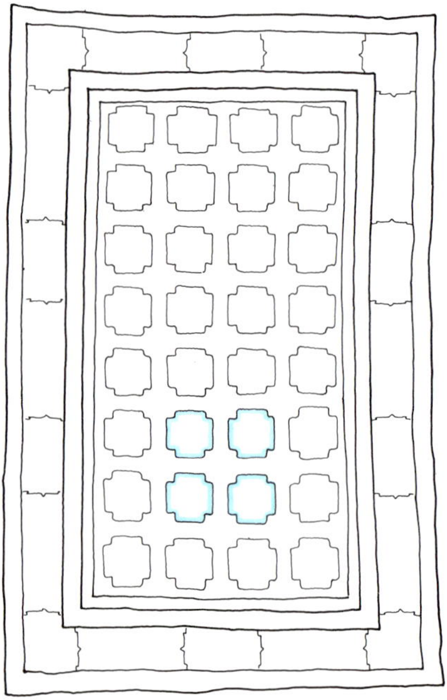

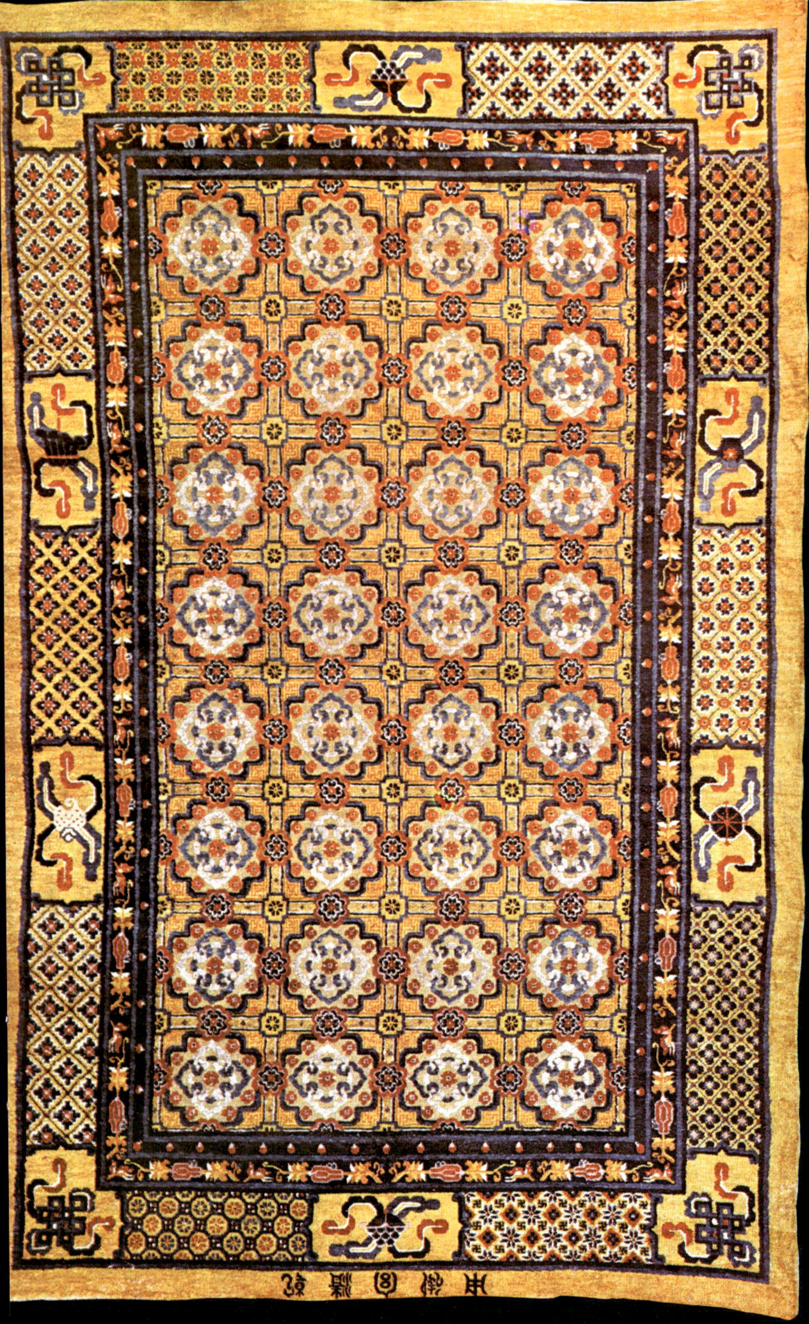

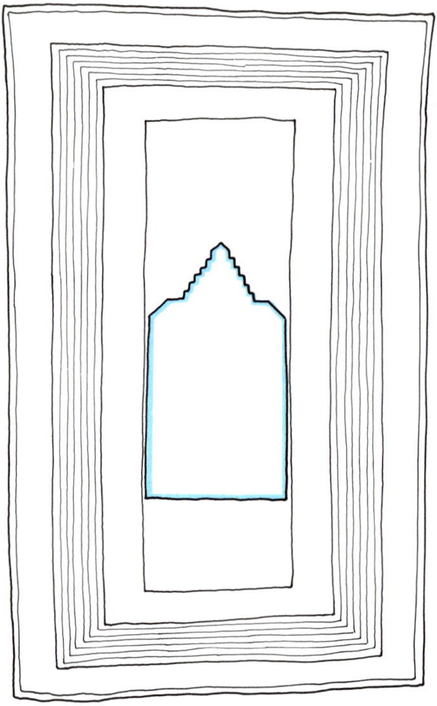

▶ Dieser *Gebetsteppich* hat als zentrales Hauptmotiv die abstrahierte *Gebetsnische* einer Moschee.

▶ Dieser *Kula-Teppich,* ein *Gebetsteppich* aus Kleinasien, vereint in seinem Dekor einige, für die islamische Kunst typische, Merkmale: den reichen, in Felder und Friese gegliederten geometrisch-abstrahierenden Ornamentschmuck als nomadisches Erbe, die handwerkliche Kunstfertigkeit und die abwechslungsreiche Gestaltung unter Verwendung pflanzlicher und tierischer Motive.

In großen Zügen lassen sich *fünf Hauptgruppen* unte
scheiden: die *anatolischen Teppiche Kleinasiens* mit d
Vorliebe für den *Gebetsteppich* mit der Gebetsnisch
Hauptzentren mit jeweils typischen Merkmalen sind *Gö
des, Konya, Kula, Lâdik, Usak.*
Die *kaukasischen Teppiche* haben *geometrische Must*
und meist schmale Längsformate. Die *persischen Tepp
che* zeichnen sich durch ornamentalen Reichtum und El
ganz aus. *Gartenmotive* sind häufig, *Schriftelemente* kon
men vor, ebenso *Nischen, Ranken, Medaillons* und *Vase*
Hauptzentren sind *Herat, Isfahan, Kasan, Kirman* ur
*Täbris.* Ein charakteristisches Ornament *zentralasia
scher Teppiche* ist die stilisierte *Rose,* doch kommen hä
fig andere *geometrische Muster auf rotem Grund* vor. D
traditionellen *indischen Teppiche* gingen von persisch
Vorbildern aus, mit stärkerer Neigung zu realistisch
Wiedergabe. *Agra, Lahore* und *Amritsar* waren Produ
tionszentren.

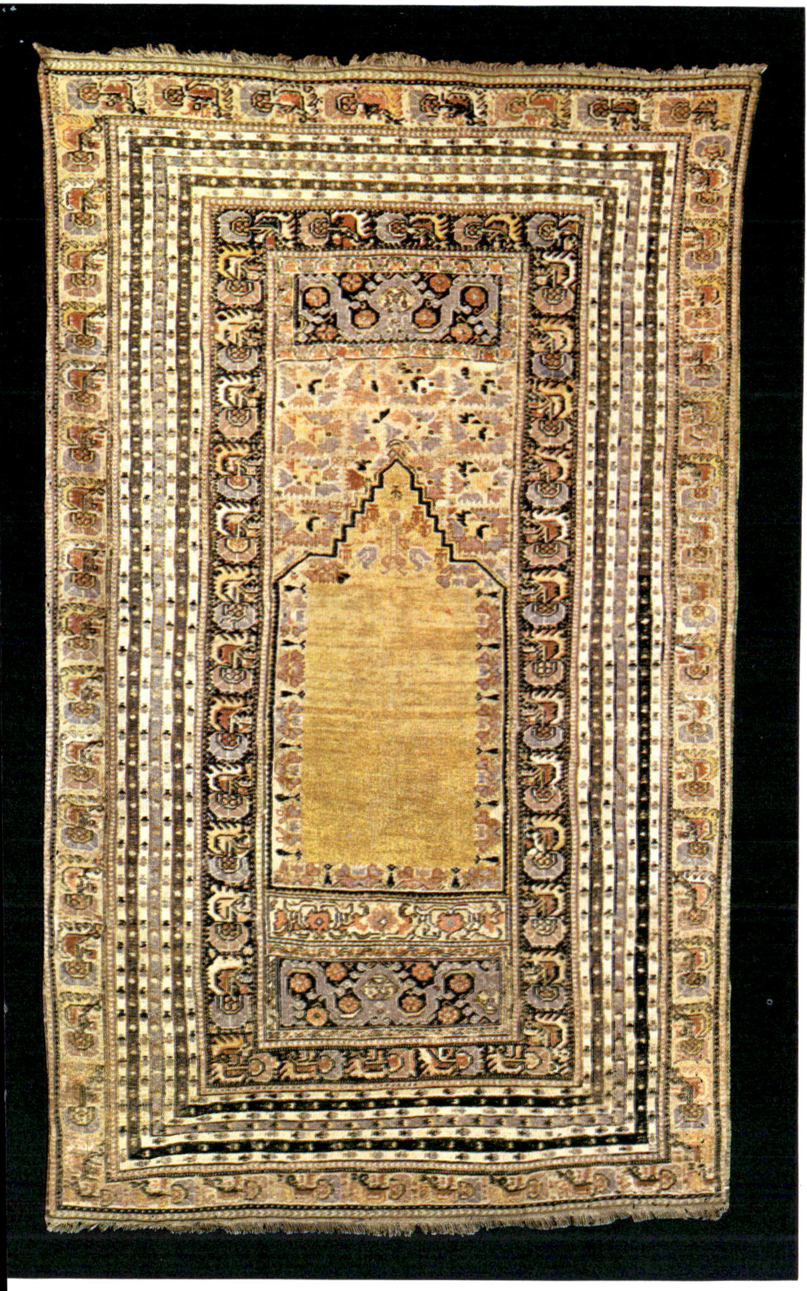

# Fachausdrücke

*Chattri:* Schmuckpavillon in der Architektur Mogul-Indiens.

*Haram:* Abgeschlossener oder reservierter Bezirk (Gebetsraum oder Heiligtum) in einer Moschee.

*Impasto:* Dekoration in der Töpferkunst, die durch dicken, unebenen Farbauftrag charakterisiert ist.

*Iwan:* Große Vorhalle mit einer bogenförmigen Öffnung an einer Seite. Dient häufig zur Hervorhebung des hinter oder vor ihr befindlichen architektonischen Bauelements.

*Kalif:* Geistlicher oder politischer Führer der Moslems.

*Kalligraphie:* Kunst des schönen Schreibens. Die arabische Schrift ist bedeutend für das islamische Kunsthandwerk, Schriftleisten und -bänder wurden reich verziert.

*Kapitell:* Kopfstück einer Säule oder eines Pfeilers, auf ihm liegt der Bogen auf.

*Karawanserei:* Befestigtes Rasthaus an einer Handelsstraße.

*Kiosk:* Pavillon oder kleines Gebäude für Festlichkeiten.

*Kufische Schrift:* Variation der arabischen Schrift. Typisch ist die Betonung der Ecken. Die Schrift ist stark ornamental gestaltet und wird als Monumentalschrift bezeichnet.

*Maidan:* Offener Platz in den islamischen Städten.

*Majolika* (Fayence): Keramische Technik. Auf den hellen Untergrund werden farbige Ornamente und Dekorationen aufgemalt. Der Name Majolika stammt von der Insel Mallorca. Das Fayenceornament ist wichtiger Bestandteil islamischer Bauten.

*Maqsura:* Schranke aus Holz, welche Minbar oder Mihrab in einer Freitagsmoschee von den übrigen Teilen der Moschee abtrennt.

*Maristan:* Persisches Wort für Krankenhaus.

*Masgid:* Moschee; der Ort, an dem man sich zum Gebet niederwirft. In der sog. Freitagsmoschee (Masgid-i Gami) werden am Freitag öffentlich Gebete verlesen und der Name des Kalifen erwähnt.

*Mausoleum:* Große Grabarchitektur, benann nach dem antiken König Mausolos, 4. Jah hundert v. Chr.

*Medrese (Madrasa):* Öffentliche theologisc Schule mit Wohnungen, Betsaal und Lehrrä men. Medresen wurden seit dem 11. Jahrhu dert gegründet. Neben der theologisch Lehre wurden auch Rechtsauslegungen ve kündet.

*Mihrab:* Nische an der Moscheewand. S zeigt die Richtung an, in der Mekka liegt. E scheint erstmals seit Beginn des 8. Jahrhu derts.

*Minarett:* Turm, von dem zum Gebet geruf wird.

*Minbar:* Erhöhte Kanzel, die in der Freitag moschee rechts von der Mihrab ihren Pla hat.

*Moschee:* s. Masgid. In der Moschee, eine sakralen Bau, verkörpert sich der Geist d Islam. Sie spielte sowohl eine politische auch eine religiöse Rolle.

*Muqarnas:* Bezeichnung für ein Stalaktite oder Wabengewölbe. Ist typisch für die klas sche Phase der islamischen Baukunst ( Jahrhundert); meist von der Anwendung c Spitzbogens begleitet.

*Portikus:* Überdachter, offener Vorraum ei Gebäudes, der von Säulen oder Pfeilern get gen wird.

*Qibla:* Die nach Mekka ausgerichtete Wa einer Moschee.

Qubba: Arabisches Wort für ein Kuppelgra

*Ribat:* In der islamischen Architektur ein festigter Klosterbezirk, der als Unterku und Gebetsstätte diente.

*Sgraffito:* Technik der Malerei, bei der meh re Farbschichten aufgetragen werden und Ornament oder Bild aus diesen Schichten h ausgekratzt wird.

# 3ibliographie


3rabar, O. The Formation of Islamic Art. New Haven/London 1973.

3rube, E. J. Welt des Islam. Architektur, Keamik, Malerei, Teppiche, Metallarbeiten, chnitzkunst (Schätze der Weltkunst). Güersloh 1968.

Ioag, J. Islamische Architektur. Stuttgart 976.

Kühnel, E. Islamische Kleinkunst. Ein Handuch für Sammler und Liebhaber. 2. Aufl. raunschweig 1963.

Iilhofer, S. A. Orient-Teppiche (Taschenfüher). 2. Aufl. Hannover 1970.

tto-Dorn, K. Kunst des Islam (Kunst der Velt). Baden-Baden 1964.

ice, D. T. Islamic painting, a survey. Edinurgh 1971.

ourdel-Thomine, J. und Spuler, B. Die Kunst es Islam (Propyläen Kunstgeschichte, d. 4). Berlin 1973.


# Iuseen

ılch, Museum of Popular History: 5 unten; tanbul, Topkapi Saray Museum: 53; Laho-, Central Museum: 51; London, British Muum: 50; Victoria & Albert Museum: 55, 57; ailand, Bassani Foundation: 43, 47; Paris, bliothèque Nationale: 5 oben; Seattle, Art useum: 45; Teheran, Golestan Museum: ; Imperial Library: 49; Suleimany Collecn: 41.

# Register

Die kursiven Zahlen sind Abbildungsnummern

# Fotonachweis

B. Coleman-G. Cubitt: 15, 19; Costa 37; F
ore 21; Mandel: 5 (oben und unten), 7, 8,
18, 22, 28, 29, 31, 35, 39, 41, 43, 45, 46, 4
49, 50, 51, 53, 55, 57, 59, 61; Martin: 13; P
legrini: 23, 33; Rapho-Michaud: 17; Stierli
4, 25, 27; Titus: 11.